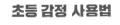

초등 감정 사용법

엄마도 모르는
내 아이의 속마음 들여다보기

초등 감정
사용법

한혜원 지음

생각
정원

초등학교에 들어가는 순간,
아이의 감정이 복잡해진다

"선생님, 우리 아이 마음을 모르겠어요."

"제 아이지만 정말 알 수가 없어요."

초등학생 자녀를 둔 많은 부모의 하소연이다. 좀더 구체적인 사연을 들어보자.

"딱히 무슨 일이 있었던 건 아니에요. 아이도 뭐가 힘들다고 이야기한 적이 없었거든요. 그런데 그게 문제인 것 같아요. 무슨 일이 있냐고 물어봐도 도통 말을 안 해요. 그러면서 그냥 학교도 재미가 없다고만 하고요. 요즘은 짜증이 엄청 늘었어요. 뭐 때문에 그러는지 속 시원하게 말해주면 좋겠는데 답답하기만 하네요. 제 아이지만 정말 모르겠어요. 따뜻하고 좋은 엄마가 되고 싶은데 화만 내는 엄마가 될까봐 걱정이에요."

매일 쪼르르 달려와 수다를 떨던 아이가 갑자기 짜증이 늘고 밥도 잘 먹지 않는다. 분명 '이상 기운'이 감지되는데 무슨 일이냐고 물어보면 화만 낸다.

"몰라, 짜증나."

"재미없어. 다 싫어."

"학교 가기 싫다고!"

요즘 사춘기가 아무리 빨리 시작된다고 하더라도, 아직 초등학생인데 벌써부터 이러면 앞으로 어떻게 해야 할지 막막하기만 하다. 어느 한 아이와 엄마의 사례라기보다는 요즘 많은 초등 아이들과 부모들이 겪는 이야기다. 속마음도 말해주지 않으면서 엇나가기만 하는 아이를 보는 부모는 속이 타들어간다. 아이 마음을 어떻게 헤아리고 어루만져야 할지 몰라서 난감할 뿐이다.

그런데 사실 부모만 난감한 것이 아니다. 아이도 감정을 다루기 힘들어 괴롭다고 말한다. 마음과는 다르게 짜증을 부리는 바람에 친구와 관계가 틀어져버릴 때도 있고, 긴장감과 불안감으로 발표를 망쳐버릴 때도 있다.

아이들은 내 마음을 몰라주는 친구가 미우면서도, 계속 잘 지내고 싶어서 고민이다. 엄마를 힘들게 하고 싶지 않은데 자꾸 화를 내게 되는 이 마음이 무엇인지 모르겠다. 그러다 울컥 눈물이라도 나오는 날에는 잔뜩 속상한 채로 나를 찾아온다.

"선생님, 정말 모르겠어요. 제가 왜 이러는 걸까요?"

초등 시기에
감정이 특히 중요한 이유

사실 '초등'과 '감정'이라는 단어는 잘 어울리지 않아 보인다. 아직 어린 아이가 감정 때문에 힘들어하고 고민한다는 것이 선뜻 와닿지 않는다. 감정 사용법을 알아야 한다는 말은 더 멀게 느껴진다. 하지만 그럼에도 '초등 감정 사용법'을 이야기하는 이유가 있다.

아이가 감정과 본격적으로 대면을 하는 시기가 바로 초등 6년이기 때문이다. 이전까지는 '기분이 좋다, 나쁘다'라는 식으로 감정을 추상적으로만 느꼈다면 초등학교에 들어가면서 상황이 달라진다. 공부를 잘하는 친구가 '샘나고', 달리기를 잘하지 못해서 '속상하고', 학교에 가는 일이 '우울하며', 경쟁에 시달리다 보니 '무력감'이 느껴진다. 감정이 구체화되면서 보다 생생히 다가오기 시작하는 것이다.

게다가 초등 6년 동안 아이는 전 생애에 걸쳐 가장 많은 양의 어휘를 학습한다. 영아기와 유아기 때는 추상적인 감정을 웃음이나 눈물 정도로 표현했다면, 초등학교에 들어가 언어를 학습하면서 아이들은 구체적인 감정을 다양한 어휘로 나타내게 된다. 이전까지 희미하게만 인지되었던 감정이 갑작스레 또렷하게 다가오고 이를 여러 어휘로 표현하면서 더욱 구체화되고 복잡해지니, 어리둥절하고 두려운 것이 자연스러운 일일지 모른다.

때로는 어떻게 해야 할지 몰라 아예 감정을 무시해버리려는 아이도 있다. 하지만 이는 절대 피해야 할 일이다. 심리학에서는 자신이 처한 상황을 본능적으로 파악해서 신호를 보내는 것이 바로 '감정'이라고 한다. 이러한 감정을 억누르거나 회피하면, 상황을 제대로 파악할 수 없고 당연히 문제 역시 해결할 수 없다.

무엇보다 감정은 '나'와 연결되어 있기 때문에 중요하다. 감정이 보내는 신호를 제대로 파악해야 내가 어떤 사람이고, 무엇을 하고 싶은지, 세상을 어떻게 바라보고 있는지 알 수 있다. 즉 감정을 잘 안다는 것은 '나'를 이해한다는 의미이며, 이를 토대로 어떻게 살아갈지를 결정할 수 있다는 뜻이다.

초등학교 6년의 시기 동안 감정을 이해하고 사용하는 법을 제대로 익혀야, 앞으로의 인생에서도 방향을 잃지 않을 수 있다. '초등 감정 사용법'은 아이의 삶을 위해 반드시 필요한 기술이다.

아이에게 필요한 것은
조언이나 해결책이 아니다

집과 학교에서 경험하는 다양한 자극들은 아이의 자존감과 공감 능력, 사회성에 큰 영향을 미친다. 예를 들어 아이들이 함께 잘 놀다가도 서로를 이해하지 못해 토라지는 경우가 있다. 처음에는 화를 내지만 점점 궁금해진다.

'왜 친구는 내 마음을 몰라줄까?'

이렇게 나와 다른 친구의 행동과 감정을 고민하는 과정에서 사회성이 본격적으로 발달한다. 또한 다채로운 활동을 통해 스스로 무언가를 해내는 경험은 성취감과 뿌듯함을 안겨준다. 보람과 성취감이 반복되며 형성된 긍정적인 자의식은, 아이가 좌절에도 쉽게 포기하지 않고 도전하게 만드는 촉매제 역할을 한다.

초등 시기에 감정과의 첫 만남을 순조롭게 마친 아이는 사춘기라는 큰 감정의 파도가 오더라도 쉽게 휩쓸리지 않는다. 도리어 파도를 타며 서핑을 즐길 수 있다. 서핑을 하기 위해서는 파도를 제대로 바라볼 줄 알아야 한다. 언뜻 보면 나를 집어삼킬 듯 거칠기만 한 파도도 자세히 들여다보면 출렁거리는 물결에 불과하다. 이를 알고 나면 더이상 파도가 두렵지 않다. 아이 역시 감정을 있는 그대로 바라볼 수 있어야 한다. 그래야 감정을 회피하거나 억압하지 않고 효율적으로 다룰 수 있다.

만약 감정과의 첫 만남이 원활하지 않으면 어떻게 될까? 타인과의 관계가 그렇듯 감정과의 관계 역시 시작이 좋지 않으면 상황이 계속 악화되기 쉽다. 문제는 감정이 사라지지 않는다는 데 있다. 마음속에 켜켜이 쌓인 감정은 스스로를 이해하는 길을 가로막고, 타인과 건강한 관계 맺기마저 방해할 수 있다.

이것이 『초등 감정 사용법』을 쓰게 된 이유다. 심리학을 전문적으로 공부하면서, 그리고 학교 현장에서 수많은 아이들을 만나면서, 아이들에게 필요한 것은 엄청난 조언이나 명쾌한 해결책이 아니라는 사실을 알게 되었다. 아이들이 원하는 것은 자기 자신의 마음을 올바로 들여다볼 수 있는 방법이었다. 물론 아직은 이를 제대로 인지하지 못할 때가 많다. 자기 마음을 알고 싶고, 감정을 잘 조절하고 싶다는 생각만 어렴풋이 할 뿐이다.

그래서 엄마가 아이의 감정 사용법을 알아야 한다. '초등 감정 사용법'이란 아이가 감정을 바라보고 이해할 수 있도록 돕는 법이다. 자기 마음을 들여다볼 줄 아는 아이는, 자신이 느끼는 감정을 그대로 존중하기 때문에 스스로를 과대포장하지도 않고, 부족하다며 자책하지도 않는다. 있는 그대로의 나를 인정하며, 더 나은 방향으로 뚜벅뚜벅 걸어나갈 수 있는 힘이 있다.

아이가 감정을 올바르게 사용하도록 도우려면 부모가 아이 마음을 제대로 이해하고 헤아리는 일이 우선이다. 그래서 이 책에는 다양한 사례를 통해 엄마도 잘 모르는 아이의 속마음을 함께 나누고, 긍정적인 감정을 키워주며, 부정적인 감정을 전환하도록 돕는 방법들을 정리했다. 본문에 소개된 사례는 모두 실제 이야기를 바탕으로 하고 있으나 인물의 이름은 가명이다. 경우에 따라 이해를 돕기 위해 다양한 사례를 하나로 합치거나 각색하기도 했다.

한 가지 당부할 점은 감정을 평가해서는 안 된다는 것이다. 감정은 시험 문제를 채점하듯 평가하는 대상이 아니다. 감정에는 좋고 나쁜 것이 없기 때문이다. "뭘 그런 걸 가지고 그래"라거나 "별것도 아니네"라고 말할 정도로, 무의미하거나 불필요한 감정 역시 존재하지 않는다.

아이는 자신의 감정이 존중받지 못하면 자기 자신이 존중받지 못했다고 느낀다. 나는 너무 속상해 죽겠는데 "별것도 아닌 일로 속상해하냐"는 이야기를 들으면, 이해받지 못한다는 서운함에 마음을 닫기 쉽다. 때로는 '내가 이상한가?'라는 생각마저 들기도 한다. 아이의 모든 감정을 소중하게 대해줘야 한다는 사실을 기억하자.

또한 감정을 알아차리고 이를 표현하는 일 역시 존중받을 가치가 있다. 아이가 "나 기분 좋아! 즐거워"라고 말할 때 비난하지 않듯이 "나 슬퍼! 속상해! 화났어"라고 할 때도 그 감정과 표현을 존중해줘야 한다. 긍정적인 감정이든 부정적인 감정이든, 있는 그대로 받아들이는 것이 올바른 감정 사용법이다. 아이가 감정이 보내는 메시지를 제대로 인식하고 이를 건강한 방향으로 표현할 수 있도록 돕는 것이 중요하다.

'나'와 잘 지내는 아이가
행복하다

"그동안 느낀 게 많아. 생각할 틈도 없이 책상에만 앉아 있었는데, 공부만 잘하면 인생이 저절로 풀리는 줄 알았는데. 내가 누군지, 내가 뭘 어떻게 살아야 하는지 고민을 좀 해봐야 할 것 같아. 한 번뿐인 인생인데, 세탁기에 넣은 빨래처럼 휘둘리며 살 수는 없잖아."

얼마 전, 인기리에 종영한 드라마 〈SKY 캐슬〉의 대사다. 한 번뿐인 인생, 아이가 빨래처럼 휘둘리지 않고 살아가기 위해서는 무엇보다 자기 자신에 대해 생각할 줄 아는 능력이 필요하다. 국영수를 배우는 것도 중요하지만 자신의 생각과 감정을 돌아보며 나를 알아가는 법 역시 필수로 배우고 익혀야 한다. 그래서 이 책에서는 아이가 감정을 다룰 수 있는 방법뿐 아니라 감정을 통해 자기 자신을 올바로 바라보고 '나'와 잘 지낼 수 있는 방법도 소개한다.

또한 이 책은 아이의 감정과 더불어 엄마의 감정에 대해서도 이야기한다. 엄마는 아이가 자신의 감정을 잘 바라볼 수 있도록 도움을 주어야 하지만, 본인의 감정 역시 잘 이해할 수 있어야 한다. 아이를 만나며 엄마는 이전까지 알지 못했던 새로운 감정을 느낀다. 아이를 통해 알게 되는 신비로움과 감사함도 있지만, 때로는 도저히 이해되지 않아 생기는 답답함과 조바심이 아이와의 관계를 괴롭히기도 한다.

물론 이러한 감정은 결코 개운하지 않기에 마주하고 싶지 않다. 하지만 두려워하며 주춤거리다 보면 엄마 역시 파도에 휩쓸려버릴 수 있다는 사실을 잊지 말자. 아이와의 관계에서 느끼는 감정을 회피하지 않기를 바란다. 감정이 보내는 신호를 제대로 바라볼 수 있다면, 엄마의 삶 역시 풍성하고 행복해질 것이다. 행복한 엄마가 행복한 아이를 만든다는 사실을 기억하자.

2019년 3월
한혜원

1장

엄마도 모르는 내 아이의 속마음

: 우리 아이 마음 들여다보기 :

2장

장점을 강점으로, 개성을 재능으로!

: 긍정적 감정 키워주기 :

3장

상처를 힘으로, 실수를 도전으로!

: 부정적 감정 전환해주기 :

4장

단단한 엄마가 단단한 아이를 만든다

: 엄마 마음 다지기 :

1장

엄마도 모르는 내 아이의 속마음

: 우리 아이 마음 들여다보기 :

지금 내 아이의 마음속에서
벌어지는 일들

"선생님. 제가 왜 그런 말을 했겠어요…… 다 균수 잘되라고 그런 거죠."

균수 어머니가 한숨을 내쉬며 말했다. 영어를 유독 싫어하는 아이 때문에 고민이 많은 듯했다. 사실 균수가 처음부터 영어를 기피한 것은 아니다. 어릴 때는 영어를 곧잘 했고 영어 유치원에도 신나게 다녔다. 아이가 흥미를 보이는 모습에 엄마 아빠는 기대를 품었고, 한 달이상 대기해야 하는 고액 학원에도 선뜻 등록했다.

하지만 학원을 다니면서 균수는 점점 자신감을 잃어갔다. 자기보다 월등히 잘하는 친구들을 보며 주눅이 든 모양이었다. 그러다 학원 시험에서 반 평균도 넘지 못하면서 문제가 터졌다. 엄마는 안타까운 마음에 "적어도 평균은 넘어야지. 영어를 잘해야 좋은 대학에 들어갈 수 있고, 그래야 선택지가 넓어져. 그러니까 좀더 열심히 하자"라며 타일렀지만, 균수는 갑자기 학원을 가지 않겠다며 반기를 들었다. 잘되기를 바랐던 마음뿐인데 도리어 엇나가는 아이를 보며 균수 어머니는 당황스럽기만 했다.

사실 잘하고 싶다는 마음은 아이가 가장 크다

"저도 잘하고 싶다고요. 하지만 아무리 노력해도 이런 걸 어떡해요! 그런데 엄마는 만날 뭐라고 하고. 제가 얼마나 힘든지 아세요?"

나와 마주 앉은 균수는 자신도 잘하고 싶은데 그 마음도 몰라주고 잔소리만 하는 엄마 때문에 힘들다고 했다. 아이가 성적이 잘 나오지 않거나 소극적으로 행동하면 부모는 욕심이나 의지가 부족한 탓이라고 안타까워한다. 하지만 사실 잘하고 싶다는 마음, 잘하면 좋겠다는 바람은 그 누구보다 아이 본인이 가장 크고 간절하다. 친구들 앞에서 떨지 않고 멋지게 발표를 해내고 싶고, 시험에서 좋은 점수를 받아 의기양양 뽐내고 싶기도 하다. 아직 초등학생이지만 벌써부터 잘하는 일을 직업으로 삼고 싶다는 꿈을 품은 아이도 많다.

나이가 많든 적든 사람은 누구나 능력을 발휘하며 성장하고 싶은 마음을 가지고 있다. 이를 심리학자 매슬로(Abraham Maslow)는 '자아실현 욕구'라 칭했고, 심리학자 칼 로저스(Carl Rogers)는 '자기실현 경향성'이라고 보았다. 이와 관련해서는 뒤에서 더 자세히 알아보기로 하고, 우선 균수와 어머니의 이야기를 좀더 살펴보자. '잘하면 좋겠다'는 마음은 두 사람이 다르지 않은데, 왜 갈등이 빚어진 걸까?

'잘되다', '잘하다'에 붙은 '잘'이라는 부사는 '옳고 바르게, 좋고 훌륭하게, 익숙하고 능란하게'라는 너무나도 좋은 의미를 담고 있다. 하지만 기준이 참 애매모호하다. 도대체 무엇이 옳고 훌륭한 것일까? 그런 기준은 누가 정하는 걸까? 아이들이 어떤 기준으로 판단하는지 궁금한 마음에 어느 날 나는 이런 질문을 던져봤다.

> ① 잘 산다는 것은 어떤 의미일까?
> ② 어떻게 하면 잘 살 수 있을까?

아이들의 대답은 각양각색이었다. 하지만 기준을 어디에 두느냐에 따라 답변을 크게 두 가지로 분류할 수 있었다.

먼저 외부의 기준을 중요시한 아이들은 '돈을 많이 버는 것', '엄마 아빠를 기쁘게 해드리는 것', '명문대를 졸업해서 대기업에 들어가는 것'이 잘 사는 것이라고 말했다. 이를 위해서 공부를 열심히 해야 하고, 자격증도 많이 따야 한다는 설명이 이어졌다.

반면 내부, 즉 자기 자신을 기준으로 삼은 아이들은 잘 산다는 것이 '삶을 즐기는 것', '하고 싶은 일을 하는 것', '가족, 친구들과 좋은 추억을 쌓는 것', '다른 사람이 뭐라고 해도 당당하게 사는 것'이라고 답했다. 그러므로 꿈을 이루기 위해 노력하고, 즐거운 일에 많이 도전하며, 긍정적으로 생각하는 것이 잘 살 수 있는 방법이라고 했다.

전자의 아이들이 '외적 동기'에 의해 좌우된다면, 후자의 아이들은 '내적 동기'에 의해 움직인다고 할 수 있다. 동기는 행동을 유발하고 지속하며 조절하는 역할을 하는데, 타인의 기준이나 요구는 '외적 동기'라고 하며 자신의 흥미나 욕구는 '내적 동기'라고 한다. 그렇다면 이 두 가지 동기는 아이의 태도나 행동에 어떤 영향을 미칠까?

내적 동기 vs. 외적 동기
: 몰입과 학업 성취의 비밀

수많은 연구는 행동을 진정 변화시키고 삶의 질을 향상시키는 것은 내적 동기라고 입을 모은다. '몰입(flow)' 이론의 창시자로 유명한 심리학자 칙센트미하이(Mihaly Csikszentmihalyi) 역시 내적 동기의 중요성을 강조했다. 그에 따르면 분명한 목표를 갖고 능력에 맞는 과제를 수행하며 피드백을 받아야 몰입이 지속된다고 한다. 이때 목표는 내적 동기를 바탕으로 세워야 몰입을 더 쉽게 경험할 수 있다.

내적 동기는 학업 성취와도 관련이 깊다. 내적 동기가 강한 아이들의 경우 도전적이고 지적 욕구가 높으며 불안이 낮아, 학업 성취도가 높은 경향이 나타났다. 뿐만 아니라 학교생활에도 더 잘 적응한다는 사실이 밝혀졌다. 짐작할 수 있듯이 외적 동기는 반대의 결과를 보여줬다. 돈이나 성적, 타인의 인정과 같은 외적 동기에 영향을 받았을 경우 불안을 더 많이 느꼈고, 새로운 일이나 과제에 도전하기를 주저했다.

심지어 외적 동기가 내적 동기를 갉아먹을 수 있다는 연구 결과도 발표됐다. 예일대의 에이미 브제스니에프스키(Amy Wrzesniewski) 교수는 웨스트포인트 사관생도 1만여 명을 14년에 걸쳐 조사했다. 연구팀은 사관생도들이 입학했을 때 외적 동기(좋은 직업을 얻기 위해, 학교의 명성이 높기 때문에, 돈을 벌기 위해 등)와 내적 동기(장교가 되고 싶어서, 자기계발을 위해 등)를 측정했고, 그들의 생활 수준과 성취 수준을 해마다 추적했다. 결과는 놀라웠다. 내적 동기가 강한 학생일수록 우수한 성적으로 졸업한 뒤 사회적으로 인정받을 확률이 높았고 오랜 기간 장교로 남는 경우가 월등히 많았다.

그런데 더 놀라운 결과는 그다음이었다. 내적 동기를 지녔다고 해도 외적 동기에 영향을 받은 학생들은 이후의 행보가 긍정적이지 않았던 것이다. 이들은 성취 수준도 낮았고 장기간 장교로 근무하는 경우도 적었다. 이를 토대로 연구팀은 아무리 내적 동기를 품었더라도 외적 동기가 입김을 가하면 부정적인 결과가 초래된다는 결론을 내렸다.

엄마의 응원이
아이의 의욕을 깎아내린다?

생각해보자. 그동안 '잘'이라는 부사에만 집중하면서 정작 아이의 욕구나 흥미는 배제하지 않았던가? 본인도 모르게 아이를 외적으로 동기화시키지는 않았던가? '잘하면 좋겠다'는 바람은 동일한데도, 엄마와 균수가 갈등을 빚은 이유도 여기에 있다.

앞서 말했듯 균수는 처음에 영어 공부를 싫어하지 않았다. 영어를 배우는 일이 재미있었고, 그래서 잘하고 싶은 욕심도 컸다. 하지만 점점 다른 친구들과 비교되면서 자신감을 잃어갔고, 한번 시험을 잘 못 치르자 바로 성적과 대학을 강조하는 엄마의 이야기를 듣게 되면서 영어에 대한 흥미 자체를 잃어버렸다. '나는 영어가 재미있다. 그래서 더 잘하고 싶다'는 균수의 내적 동기를 '영어를 잘해야 성공한다'는 엄마의 조언, 즉 외적 동기가 갉아먹었던 셈이다.

요즘 초등 아이들은 그 어느 때보다 외적 동기가 강하다. 조기교육 열풍으로 인해 유년기부터 비교와 경쟁의 세계를 경험했고, 왕따 문제는 친구들의 눈 밖에 나면 안 된다는 두려움을 심어주었다. 외적 동기로 인한 압박과 부담, 그 기준을 충족시키지 못하는 스스로에 대한 자책은 오늘날 많은 초등학생들이 공유하는 감정이라고 해도 과언이 아니다.

'내가 잘해야 칭찬받을 수 있다', '좋은 성적을 거둬야 사랑받을 수 있다', '쿨한 모습을 보여야 인기를 끌 수 있다'라는 생각으로 동기화된 아이들은 부모님, 선생님, 친구들이 바라는 그림을 좇게 된다. 다른 사람이 원하는 모습이 되기 위해 애쓰면서 정작 자신의 마음과 동기는 잊어버린다. 그러다 결국 노력 자체를 포기하는 불상사가 벌어지기도 한다. 노력하는 주체는 자신인데, 행동하게 만드는 동기의 주인은 타인이다 보니 그 동력이 오래가지 않는 것이다.

물론 엄마의 진심 어린 응원은 아이에게 꼭 필요하다. 응원 자체가 문제라는 이야기가 아니라, 아이의 감정과 마음을 헤아리지 못한 응원은 역효과를 낼 수 있다는 뜻이니 오해하지 않았으면 좋겠다.

아이가 진정 잘되기를 바란다면, 부모의 바람이나 기준에 외적으로 동기화시키기보다 내적 동기를 강화해줘야 한다는 사실을 기억하자. 아이의 내적 동기에 대한 인식은 감정 사용법의 첫 단추다.

착한 아이, 쿨한 친구……
'가면'을 쓴 아이들

내적 동기는 어떻게 키워줄 수 있을까? 아이가 흥미나 욕구에 의해 움직이려면, 스스로 어떤 사람이고 무엇을 좋아하는지 파악하는 일이 우선이다.

어느 날, 은수가 쉬는 시간에 쪼르르 달려와 이런 말을 꺼냈다.

"선생님, 제 마음이 너무 오락가락해요. 엄마가 영어학원에 가라고 해서 알겠다고 했거든요? 그런데 사실 친구랑 방과 후 수업으로 우쿨렐레를 배우기로 약속했단 말이에요. 어떻게 하면 좋죠?"

"음…… 은수는 뭘 하고 싶은데?"

"저요? 음…… 저는 마술이요. 사실은 마술 배우고 싶어요."

"아니, 은수가 하고 싶은 건 따로 있는 거야?"

예상치 못한 답에 깜짝 놀라 반문하자, 은수가 살짝 어두워진 얼굴로 말했다.

"네…… 하지만 어떡해요. 엄마는 영어를 잘해야 한다고 하고, 친구는 같이 우쿨렐레를 배우지 않으면 삐쳐서 저랑 안 놀 거란 말이에요. 선생님, 제가 세 명이었으면 좋겠어요. 그럼 제가 하고 싶은 거랑, 엄마가 하라는 거랑, 친구가 하자는 거랑 전부 다 할 수 있겠죠?"

과연 은수의 소원대로 아이가 세 명이라면 문제가 해결될까? 아마, 아닐 것이다. "선생님이 수학 수업을 추천해주셨는데 그것도 해야 할까요?"라며 한 가지 고민이 더 추가될 가능성이 높다. 은수는 엄마와 친구의 기분이 상하지 않도록 자신의 마음은 뒤로 제쳐놓았다. '엄마가 원하는 대로', '친구가 하자는 대로' 하면서 좋은 관계를 유지하려고 애썼지만, 정작 자기 자신과의 관계는 신경 쓰지 못했다.

부모님, 선생님, 친구들의 요구와 자기 마음이 다를 때 아이들은 혼란에 빠진다. 나도 장난감을 가지고 놀고 싶은데, 엄마 아빠는 동생에게 양보하라고 한다. 속상한 마음을 하소연하고 싶은데, 친구들은 '쿨한 모습'을 좋아한다. 가끔은 장난도 치고 싶은데, 선생님은 항상 발표를 잘하고 모범적인 학생만 칭찬한다. 그래서 아이들은 다른 사람들이 원하는 모습에 자기 자신을 맞추고 행동하기를 선택한다. 마치 가면을 쓴 것처럼 말이다.

심리학자 융(Carl Gustav Jung)은 이러한 현상에 대해 "사람들은 각자의 페르소나(persona)를 쓰고 살아간다"고 설명했다. 페르소나는 라틴어로 '가면'이라는 의미로, 융은 우리 대부분이 '보여주고 싶은 모습'인 페르소나를 쓴 채 다른 사람들과 원만한 관계를 맺으려 한다고 주장했다.

물론 페르소나가 나쁜 것은 아니다. 우리는 딸, 아들, 학생, 직장인, 엄마, 아빠 같은 다양한 역할을 수행하며 살아간다. 이때 페르소나는 우리가 어떤 상황에서든 잘 적응할 수 있도록 도와준다. 예를 들어 많은 사람들 앞에 나서기를 어려워하는 내향적인 아이라고 하더라도,

회장이 되면 그에 맞는 페르소나를 쓰고 친구들에게 리더십을 발휘할 수 있다.

하지만 페르소나가 지나치게 강조될 경우 이야기가 달라진다. "착하게 행동해야만 친구들이 좋아해", "공부를 열심히 해야만 성공할 수 있어" 등 의무와 책임을 강조하거나 조건을 붙이는 식의 상호작용이 지속되면, 아이는 그 기준에 맞추기 위해 자신을 다그치기 시작한다. 만약 요구를 충족하지 못할 경우 "왜 나만 이러는 거야"라며 자책하는 상황도 벌어진다.

"제 진짜 모습은 좋아하지 않는 것 같아요"

신영이는 어렸을 때부터 무엇이든 척척 잘하는 모범생이었다. 발표도 잘하고 리더십도 있는 데다 부모님과 선생님 말씀도 잘 들어 "신영이는 못하는 게 없네"라는 칭찬도 많이 받았다. 그런데 나를 찾아온 신영이의 표정은 한없이 어둡기만 했다.

"선생님, 다 저한테만 뭐라고 해요."

아이는 잔뜩 풀이 죽어 있었다. 이번에 회장이 되지 못한 것이 시작이었다. 줄곧 회장을 해오던 신영이는 올해 처음 선거에서 떨어졌다. 크게 낙담한 신영이에게 엄마는 "뭘 그런 걸로 그러니, 괜찮아. 친구들하고 잘 지내면 2학기에는 회장 할 수 있어"라며 위로해줬다.

엄마의 말에 신영이는 '그동안 내가 친구들에게 잘하지 못했던 건가?'라는 생각이 들었고, 그날부터 친구들의 마음을 얻기 위해 온갖 노력을 기울였다. 요즘 인기가 많은 과자를 학교에 가져갔고, 수업이 끝나면 떡볶이를 사주기도 했다. 친구들이 부탁하면 곤란하더라도 다 들어주려고 애썼다. 다행히 마음이 통했는지 친구들은 "신영이 성격 진짜 짱 좋다!"라며 칭찬을 아끼지 않았다. 그러던 어느 날이었다. 학교 끝나고 같이 운동장에서 놀자는 신영이의 제안에, 보라가 대뜸 이런 말을 했다.

"그럼 오늘은 뭐 사줄 건데?"

신영이는 친구들이 자신을 좋아한 게 아니라, 자신이 사준 간식을 좋아했던 것이라는 생각에 상심했다. 이런 모습을 보고 담임선생님은 "신영아, 먹을 걸 사준다고 친구들이 좋아하지는 않아. 신영이가 진심으로 다가가면 친구들도 진심으로 대할 거야"라고 위로했다. 엄마는 "네가 너무 잘해주기만 하니까 애들이 만만하게 보는 거잖아"라며 속상해했다.

"선생님, 저는 친구들을 진심으로 대했단 말이에요. 그런데 친구들도 엄마도 다들 제 진짜 모습은 좋아하지 않는 것 같아요. 이런 제가 너무 싫어요."

신영이는 외부에서 부여한 페르소나에 자신을 맞추려고 했다. 회장이 되어서 엄마를 기쁘게 해주려 했고, 친구들에게 성격 좋고 친절한 친구가 되려고 노력했다. 사회나 집단이 요구하는 페르소나가 너무 커지다 보면 삶의 중심이 '나'에서 '타인'으로 옮겨간다. 그리고 외부의 높은 기준에 도달하지 못할수록 '내 안의 비난꾼'이 나를 괴롭히기 시작한다. '회장선거도 떨어지고, 나는 할 줄 아는 게 아무것도 없어', '내가 잘못해서 친구들이 좋아하지 않는 거야'라며 스스로에게 상처를 내는 것이다.

융이 우려한 부분이 바로 이것이다. 정도의 차이는 있지만 은수나 신영이나 페르소나가 지나치게 커져버린 나머지, 진짜 자신은 점점 잃어버리고 있는 듯하다. 비단 은수와 신영이만의 문제는 아니다. 날로 높은 기준을 요구받는 요즘 초등 아이들은 페르소나에 얽매이는 경우가 많다. 그렇다면 페르소나를 모두 없애버리면 문제가 해결될까?

꼭 그렇지는 않다는 것이 융의 설명이다. 페르소나를 사용하는 게 문제가 아니라, 내가 어떤 사람인지를 모르는 게 더 큰 문제이기 때문이다. 그는 자신을 깊숙이 들여다보며 내가 누구인지, 무엇을 좋아하고 무엇을 싫어하는지, 어떤 것을 중요하게 생각하는지 알아봐야 한다고 강조했다. 또한 무의식에 잠들어 있는 콤플렉스나 다른 욕망에 대해서도 명확하게 인지할 필요가 있다고 덧붙였다. 융은 이렇게 페르소나에 가려져 보이지 않았던 본래 모습을 찾는 과정을 자기실현에 이르는 길이라고 보았다.

내가 누구인지 아는 아이는
쉽게 흔들리지 않는다

심리학자 레베카 슐레겔(Rebecca Schlegel) 역시 연구를 통해 '진정한 자기(true self)'를 아는 일의 중요성을 강조했다. 우리는 흔히 "나는 성격이 쾌활해, 예의 바르게 행동해"라는 식으로 자신을 표현한다. 하지만 이러한 모습이 진정한 자신의 모습과는 사뭇 다를 수 있다. '원래의 나'는 차분하고 조용한 성격이지만, 사회적인 역할이나 주변의 기대로 인해 사교적이며 외향적인 모습을 보일 경우도 있기 때문이다. 레베카 슐레겔은 실제로는 그렇지 않더라도 주변 환경이나 맡은 역할로 인해 겉으로 드러나는 모습을 '실제 자기(actual self)'라고 규정했다.

그렇다면 '진정한 자기'란 과연 무엇일까? 그녀는 스스로의 마음을 들여다볼 줄 알며 자신의 생각과 감정에 대해서도 잘 알고 있을 때 진정한 자기에 대한 개념이 높은 사람이라고 설명한다. 즉 때에 따라 다르게 행동하더라도 본인이 원래 어떤 사람인지 알고 있다면 진정한 자기를 가지고 있다는 것이다.

주목할 사실은 진정한 자기에 대한 고민만으로도 긍정적인 효과가 따른다는 점이다. 레베카 슐레겔에 따르면, 진정한 자기가 무엇인지 생각만 해도 아이들은 불안 등의 스트레스를 낮추고 자존감을 높일 수 있다. 뿐만 아니라 학습동기를 유지시키는 데도 도움이 되며, 삶의 의미와 만족감 역시 커지게 된다.

스스로 어떤 사람인지 잘 알고 있다면 외부에서 부여한 틀에 자신을 끼워넣지 않을 수 있다. 중심을 잡게 되면 주변의 말과 상황에 흔들리는 일이 적어지며, 설령 흔들리더라도 쉽게 쓰러지지 않는다.

아이가 진정 행복하려면 다른 사람들과 함께 어울려 살아가되, 자기 자신을 잃지 않아야 한다. 마음을 올바로 들여다보면서 스스로를 사랑할 줄 알아야 한다. 그렇게 자신과 건강하고 좋은 관계를 맺을 때, 아이는 혼자 힘으로 성장하고 발전한다.

부모의 역할은 아이가 진정한 자기를 고민하도록 도우며, '나를 사랑하는 능력'을 심어주고 길러주는 것이다. 그래서 감정 사용법이 중요하다. 내가 누구인지 알기 위해서는 마음의 소리에 귀 기울일 수 있어야 하기 때문이다.

나를 사랑할 줄 안다는 것은 자신의 마음을 살필 줄 안다는 의미다. 이는 지금 내가 어떤 생각을 갖고 있는지 알아차리고 인정하는 태도를 뜻한다. 때로는 나를 괴롭히는 부정적인 생각과 감정도 내가 가지고 있는 하나의 감정으로 인정하고 몰아세우지 않는 지혜를 말한다. 부모가 아이의 감정을 헤아리며 그 감정을 현명하게 사용하는 방법을 알려줄 때, 아이는 진정한 자기를 찾아나가며 마음을 단단하게 다질 수 있다.

마음이 단단한 아이가
생각도 단단하다

　요즘 초등 아이들은 마음이 복잡하다. 눈에 띄는 건 부담스럽지만 '아싸(아웃사이더)'는 되기 싫고, 잘하고는 싶은데 열심히 하는 건 피곤하다는 모순적인 감정을 보이는 아이들이 많다. 외부의 요구와 자신의 흥미가 부딪치는 경험을 자주 겪다 보니 벌어지는 현상이다.

　하지만 자기 마음을 살필 줄 알고 감정을 올바로 사용할 수 있게 되면, 있는 그대로의 자기 모습을 받아들이고 상황에 맞게 스스로를 표현할 수 있다. 자신이 소중한 만큼 타인도 소중하다는 사실을 알기에, 다른 사람들을 배려하고 협력하며 함께 성장하는 삶을 살 수 있다. 이를 자기수용력, 자기조절력, 자기결정력, 자기효능감, 그리고 자존감의 다섯 가지 힘으로 소개하고자 한다. 이 다섯 가지는 서로 유기적으로 연결되어 있으며, 긴밀하게 영향을 주고받는 관계다.

'나는 달리기는 못하지만, 피아노를 잘 치니까 괜찮아'
: 자기수용력

'수학 75점, 좋아요 100개, 조회 수 35회, 팔로워 350명.'

요즘 초등학생들이 말하는 '성적표'다. 아이들은 이제 성적으로만 자신을 줄 세우지 않는다. 대신 자기가 올린 피드에 '좋아요'가 몇 개인지, 유튜브 계정에 업로드한 영상의 조회 수가 얼마인지, SNS 팔로워가 몇 명인지를 바탕으로 스스로를 평가한다. 혹여나 게시물에 아무런 반응이 없으면 재빨리 '다른 사람들이 좋아할 만한 모습'을 만들어 다시 업로드한다. 하지만 '좋아요'가 늘어나도 마음이 허전하기는 마찬가지다. 다른 사람들이 좋아하는 모습이 진정한 나와 다를 수 있다는 사실을 어렴풋이나마 알기 때문이다.

자신의 마음을 살필 줄 아는 아이는 주변의 평가에 일희일비하지 않는다. 설사 좀 모자라고 부족한 부분이 있더라도 이를 인정하되 자책하진 않는다. 즉 '자기수용'을 할 줄 안다.

임상심리학자 타라 브랙은 저서 『받아들임』에서 '자신과 삶을 기꺼이 있는 그대로 경험하려는 마음'이 근본적인 수용이라고 표현했다. 자기수용이란 나와 주변 환경을 좋고 나쁨으로 이분화하지 않고, 그 자체의 모습으로 인정하는 태도를 의미한다.

단점과 약점까지 포용한다고 해서 더 이상 노력하지 않는다는 뜻은 아니다. 약점을 감추거나 단점을 고치도록 채찍질하는 데 불필요한 에너지를 낭비하지 않는다는 의미다. 미국 심리학자 너새니얼 브랜든은 자기수용이란 거부하거나 회피하지 않고, 사실을 사실로서 경험하는 자세라고 말했다. '이러면 좋을 텐데' 혹은 '이래야 하는데'라며 완벽하지 못한 스스로를 탓하는 대신, '현재의 나'를 기점으로 자신이 추구하는 가치에 전념하며 의욕적으로 나아가려고 하는 적극적인 삶의 자세가 자기수용이라는 설명이다.

쉽게 비교하고 비교당하며 자신을 잃어버릴 수 있는 세상 속에서 아이는 스스로를 지킬 수 있는 힘이 필요하다. 자기수용력을 지닌 아이는 '나보다 달리기가 빠른 친구'와 비교해서 '나는 왜 이것밖에 못하지'라며 자신을 깎아내리는 데 에너지를 소비하지 않는다. 대신 '나는 피아노를 참 잘 치잖아, 나는 이런 멋진 모습이 있지'라며 자기 자신으로서 세상에 우뚝 설 수 있도록 스스로를 격려하는 힘을 가지고 있다.

울어야 할 때 울 줄 아는 아이가 건강하다
: 자기조절력

심부름을 온 학생이 상담실에 들어서자마자 울음을 터뜨렸다. 아이는 전날 밤 엄마 아빠가 크게 싸우는 소리를 듣고 잠을 설쳤다고 했다. 그런데 아침에 "오늘 할머니 댁에 다녀온다"는 엄마의 말을 듣고, 혹시나 영영 돌아오지 않을까봐 걱정되었다고 했다.

"어젯밤부터 내내 무서웠는데 집에서도 교실에서도 꾹 참았어요. 그런데 선생님 얼굴을 보니까 갑자기 왈칵 눈물이 났어요. 흑흑."

이렇게 기분을 표현하며 흘리는 '감정적 눈물'은, 단순히 눈에 먼지가 들어가서 흘리는 '반응적 눈물'과는 다른 점이 있다. 바로 눈물 속에 들어 있는 '힐링 효과'다. 감정적 눈물을 흘리면 스트레스 상황에서 분비되는 프로락틴이 배출되며 기분이 나아진다. 또한 엔도르핀처럼 천연 진통제 역할을 하는 엔케팔린과 부신피질 자극호르몬이 고통을 잊고 피로를 해소할 수 있도록 도와준다. 눈물을 '신이 내려준 자연 치유제'라고 부르는 이유도 여기에 있다. 상담실에서 마음껏 울며 감정을 표현한 아이는, 엄마와 통화하며 속마음을 주고받았다. 잠시 뒤 교실로 돌아가는 아이의 발걸음은 한결 가벼워 보였다.

그런데 감정을 숨기지 못하고 상담실에서 울어버린 이 아이, 어떻게 보이는가? 얼핏 기분과 감정을 통제하는 능력이 다소 부족하다고 느낄 수 있지만, 사실은 그렇지 않다. 오히려 이 아이는 자기주도적으로 감정조절을 할 줄 안다고 볼 수 있다.

생각해보자. 아이는 부모의 다툼이 걱정되었지만 엄마의 안색이 좋지 않았기에 아무런 내색도 하지 않았다. 또 속상하다는 이유로 입을 다물고 있거나 짝꿍에게 짜증을 내지 않고, 모둠활동에 참여하려고 노력했다. 물론 표정까지 숨기지는 못했기에 담임선생님이 "오늘 무슨 일 있니?"라고 묻긴 했지만, 그때도 눈물을 보이지 않으려고 애썼다. 교실에서 울어봤자 해결되는 일은 아무것도 없다는 사실을 알았기 때문이다. 그러다 눈물을 흘려도 안전한 상담실이라는 공간에 와서야 걱정으로 켜켜이 쌓아놨던 마음속 찌꺼기를 분출했다. 즉 이 아이는 자기조절력이 뛰어나다고 할 수 있다.

자기조절력이란 상황에 따라 감정과 욕구를 변화시키며 세상에 적응하는 능력을 의미한다. 자기조절력을 잘 참는 능력이라고 오해하는 사람이 많은데, 참기만 하면 오히려 부정적인 결과를 가져올 수 있다. 감정과 욕구를 무작정 억누르면, 해소되지 못한 채 쌓이고 쌓이다가 잘못된 방향으로 표출될 수 있기 때문이다. 때로는 눈물을 보이며 도움을 요청할 수 있는 것이야말로 진정한 자기조절의 방법이다. 감정에 솔직한 아이, 그래서 표현할 때를 알고 적절한 방법으로 표출하는 아이가 훨씬 더 건강한 아이다.

뭐든 척척 알아서 하는 아이
: 자기결정력

정신분석학자이자 발달심리학자인 에릭슨(E. Erikson)은 전 생애에 걸친 심리발달 단계를 제시하며 각 단계에 따른 성격발달을 강조했다. 그중 유아기에 형성되어야 한다고 설명한 태도는 자율성과 주도성이다. 에릭슨은 엄마와 분리된 존재임을 깨달은 아이는 스스로 선택해서 결정하고 책임지는 과정을 통해, 건강한 인간으로 성장하기 위한 자율성과 주도성을 지니게 된다고 말했다. 그에 따르면 실수투성이인 아이들이 "내가 할 거야", "나 할 수 있어"라는 말을 반복하는 이유는 존재감을 드러내기 위해서다.

아이들은 스스로 선택하는 과정을 통해 '나'의 영역을 확장하고 세상과 소통하는 경험을 쌓는다. 그렇기에 아이들이 세상에 내딛는 한 걸음은 바로 '자기결정'을 통해 이루어진다고 할 수 있다.

만약 이 시기에 이러한 태도를 제대로 기르지 못한다면 어떻게 될까? 서툰 행동에 대해 꾸중을 듣거나 선택의 기회 자체가 주어지지 않으면, 아이는 좌절감을 느끼거나 수치심마저 겪기 쉽다. 아무것도 혼자 하지 못하는 스스로를 보며 무력감에 시달리고, 자신의 능력을 믿지 못하는 상황에까지 내몰린다. "몰라요", "엄마가 해주세요"라는 말만 반복하면서 다른 사람에게 의지하고 끌려다니는 아이들이 그런 경우다.

마음이 단단한 아이는 "몰라요"라며 선택을 주저하거나 결정장애에 빠지지 않고 소신 있는 결정을 내린다. 과거 자신이 선택한 경험들을 통해 옳고 그름을 분별할 수 있는 능력을 키웠기 때문이다. 스스로 결정했던 경험이 많은 아이는 실패했던 일, 후회했던 일, 성공했던 일을 토대로 '아, 내가 이런 것을 좋아하는구나', '나는 이런 상황은 별로 좋아하지 않는구나'라는 귀중한 깨달음을 얻는다. 그리고 이를 통해 세상과 어떻게 소통해야 하는지 알려주는 나침반을 손에 쥔다.

독일 철학자 페터 비에리는 "자신이 누구인지 표현하지 않는 사람은 자신이 누구인지 알 수 있는 기회를 놓치게 된다"고 말했다. 그는 다른 사람에게 휩쓸리지 않고 자신의 기준을 가질 때, 진정한 나로서 살아갈 수 있으며 그때야 비로소 행복한 삶을 누릴 수 있다고 강조했다. "타고난 것들은 결정할 수 없지만 어떻게 살아갈지는 스스로 결정할 수 있다"는 비에리의 말처럼 삶의 나침반을 가진 아이는 세상을 행복하고 주체적으로 살아가는 방법을 스스로 탐구한다.

'나는 분명 잘할 수 있어!'라는 굳건한 믿음, 자기효능감

자신의 마음을 살피며 단단한 토대를 쌓은 아이는 멋진 미래를 상상할 줄 안다. 이런 아이는 어떤 일을 성공적으로 해낼 능력이 있다고 믿는 '자기효능감'이 발달해 있다. '나는 잘할 수 있어'라는 한 줄이 마음에 새겨지면서, 점점 더 다양한 경험을 통해 능력을 발휘하고자 한다. 성공 경험을 통해 느끼는 성취감은 도파민이라는 호르몬을 분비시켜 쾌락, 행복과 관련된 감정을 느끼게 한다. 그리고 도파민은 또 다른 동기부여의 촉매제가 되어 새로운 일에 도전하고 기쁨을 느낄 수 있도록 이끌어준다.

물론 살면서 항상 성공만 경험할 수는 없다. 때로는 예기치 못한 실패와 좌절을 겪기도 한다. 자기효능감이 낮은 아이에게 실패는 한계를 알려주는 지표가 된다. '나는 여기까지인가 봐, 더 이상은 못 하겠어'라고 좌절하며, 자신의 가능성을 제한해버리곤 한다.

자기효능감이 높은 아이는 실패에도 쉽게 주눅 들지 않는다. 실패의 경험은 앞으로 무엇을 하면 되는지 알려주는 훌륭한 알림판일 뿐이다. 아이는 '여기에서 내가 무엇을 배울 수 있지?'라고 생각하며 자신을 성장시킬 자양분을 발견한다. 또한 자기효능감이 높은 아이는 다른 사람의 칭찬이나 비난으로 자신을 점수 매기지 않는다. 자신이 얼마나 멋진 모습으로 성장할지는 누구보다 스스로가 가장 잘 알고 있기 때문이다.

자기효능감을 키우기 위해 중요한 것이 다른 사람과의 상호작용이다. 스스로에 대한 앎은 태어날 때부터 DNA처럼 몸에 새겨지는 지식이 아니다. 갓 태어난 아이들의 경우, 코에 립스틱을 묻히고 거울을 보여줘도 거울 속 아이가 자신이 아닌 다른 아이라고 생각하며 코를 만지지 않는다. 그러다 점점 크면서 거울 속 아이가 자기 자신이라는 사실을 알아차린다. 만 3세가 지나면 '나'라는 1인칭을 사용하고, 만 4세가 지나면 "내 눈에는 검은색이야"라고 의견을 내세우며 "우리집에는 강아지가 있어"처럼 소유 개념도 생긴다.

이후 자신에 대한 개념은 다른 사람과의 상호작용을 통해 점점 범위가 넓어진다. "키가 크구나", "참 똑똑하네" 같은 칭찬이나 "동생 장난감을 빼앗는 건 잘못된 거야"라는 훈육을 들으며 자신의 이미지를 형성하게 된다. 특히 "정말 잘한다", "훌륭해" 같은 칭찬과 인정을 지속적으로 받으면, 아이는 자기 자신이 꽤 괜찮은 존재이며 충분히 잘하고 있다는 사실을 확인하게 된다. 이렇게 형성된 긍정적인 이미지는 무엇을 선택하거나 시도할 때 '나는 할 수 있다'는 자신감으로 작용한다.

즉 자기 자신을 알아가고 긍정적인 이미지를 쌓아가는 데는 다른 사람과의 관계가 주효한 역할을 하는 것이다. 그렇기에 아이의 자기효능감을 높이기 위해서는 엄마 아빠의 진심 어린 응원과 지지가 중요하다.

미래의 성공을 이끄는 소프트 스킬, 자존감

요즘 아이들에 대한 걱정 중 하나는 '자기만 안다'는 것이다. 남을 배려할 줄 모르고, 오직 자기 뜻대로만 하려고 하는 이기적인 모습에 대한 염려가 많다. 그래서 자존감을 높여주라고 하면, "안 그래도 자기 자신에 대한 사랑과 자신감이 넘치는데 더 이기적이 되는 건 아니냐"고 하는 사람들도 있다. 하지만 이는 자존감에 대한 오해에서 비롯된 생각이다.

우리가 흔히 말하는 자존감은 자신의 능력과 가치에 대한 전반적인 태도와 평가를 의미한다. 하지만 진정한 자존감은 여기서 한 발 더 나아가, 자신이 소중한 만큼 다른 사람 역시 소중히 여길 줄 아는 능력을 의미한다.

이기적인 자기애(나르시시즘)와 건강한 자존감의 가장 큰 차이점은 바로 방향성에 있다. 나르시시즘은 일방통행이라는 특징을 보인다. 자기애가 극단적으로 높은 나머지 자기 자신만 생각하고 다른 사람을 배려할 줄 모른다. 또한 우월감을 느끼기 위해서 끊임없이 타인을 깎아내리려고 한다. 항상 사랑을 받으려다 보니 사랑을 주는 방법에 대해서는 무지하다.

건강한 자존감은 쌍방통행이다. 자존감이 건강한 아이는, 사랑은 받기만 한다고 해서 커지지 않으며 베푼다고 해서 사라지지 않는다는 사실을 알고 있다. 그래서 받은 사랑을 기꺼이 표현할 줄 안다. 설사 자신은 꼴찌를 했더라도 "우와, 달리기 1등 했구나. 정말 축하해!"

라며 친구가 열심히 노력해서 일궈낸 성과에 대해 진심으로 축하하고 격려한다.

40년간 미래 교육에 대해 연구해온 발달심리학자 로베르타 골린코프 교수와 캐시 허시-파섹 브루킹스연구소 선임연구원은 21세기에 성공하기 위해서는 반드시 협력이 필요하다고 강조했다. 전문지식이나 기술 등의 하드 스킬(hard skill)이 아니라 협력, 문제 해결 능력, 감정조절력 같은 소프트 스킬(soft skill)이 중요하다는 것이 그들의 주장이다.

즉 건강한 자존감은 21세기를 살아가는 아이들의 성공 조건이라고 할 수 있다. 상호존중을 통한 지속 가능한 자존감을 갖춘 아이들은 자연스럽게 협력하며 서로의 잠재력을 이끌어낼 수 있다.

지금 초등학교에 다니는 아이가 성인이 되어 맞닥뜨릴 세상은 부모가 겪고 있는 환경과는 완전히 다를 것이다. 많은 전문가들은 또래나 동료와의 경쟁을 넘어 로봇과 일자리를 두고 다투는 세상을 예언하고 있다. 이제 단순히 공부를 잘하거나 한 가지 능력이 뛰어난 것만으로는 부족하다. 도무지 속도를 가늠할 수 없을 만큼 광속으로 변하는 세상에서는 변화에 발맞추되, 중심을 지키는 힘이 요구된다. 휘둘리거나 흔들리는 일 없이 꿈과 의지를 밀고 나가는 능력이 중요하다. 그렇기에 '단단한 마음'은 내 아이의 현재 행복과 성장을 위해서뿐 아니라 미래를 위해서도 필요한 자질이다.

또한 인공지능, 로봇과 함께 살아갈 아이들에게는 '나만 잘 살면 된다'는 이기적인 마음은 금물이다. 기술이 발전할수록 사람이 더욱 중요해지기 때문이다. 다른 사람들과 협력하고 연대하며 새로운 사회에 적응할 수 있는 능력, 즉 건강한 자존감을 토대로, 나와 타인을 사랑할 줄 아는 능력이 반드시 필요하다. 서로 협력하고 존중하는 토양이 만들어질 때, 아이들은 무한한 가능성을 마음껏 뽐내며 살아갈 것이다. 자신의 단점과 장점을 모두 포용할 줄 아는 여유, 이를 토대로 타인까지 감싸는 상호존중의 소프트 스킬이 초등 아이들의 미래 경쟁력인 이유다.

단단한 마음을 만드는
엄마의 감정 코칭

"엄마, 저 여기서부터는 혼자 갈래요."

"그래, 알겠어. 근데 횡단보도를 건널 때는 초록불이어도 좌우를 꼭 살펴야 해. 오토바이가 쌩하고 지나갈 수 있으니까, 알겠지? 그리고 한 손은 반드시 들고 가야 해. 보안관 선생님이 계시면 꼭 인사하고. 잘할 수 있지? 이따 학교 끝났는데 혹시 할머니가 안 계시면 다른데로 가지 말고 정문 앞에 서 있어. 그러면 할머니가 오실 거야. 다른 사람이 같이 가자고 하거나 먹을 거 사준다고 해도 절대 따라가면 안 돼. 알겠지?"

"아, 알겠어요. 혼자 할 수 있다니까요!"

출근길, '혼자 등교하기' 미션에 도전하는 한 아이와 엄마를 만났다. 아이는 설렘과 두려움이 교차하는 얼굴이면서도 잘해낼 수 있다며 자신하고 있었고, 엄마는 아이가 혹시나 넘어지지는 않을까, 횡단보도는 잘 건널까 걱정스러운 얼굴로 몇 번이고 반복해서 일러주고 있었다. 마침내 신호등이 초록불로 바뀌자 아이는 한 손을 번쩍 들고 좌우를 살피며 신나게 등교했다. 엄마는 그런 아이의 뒷모습을 한참 동안 바라보고 있었다.

비단 아이가 혼자 등교할 때뿐만이 아니다. 부모는 어떤 상황에서든 아이에게 많은 것을 알려준다. 학교에서는 선생님 말씀을 잘 들어야 하고, 허락 없이 함부로 돌아다니면 안 되며, 모르는 사람은 절대 따라가지 말라고 신신당부한다. 친구 집에서 놀고 싶으면 엄마에게 먼저 허락을 받아야 하고, 친구 집에 가서는 예의 바르게 행동해야 한다며 귀에 딱지가 앉을 만큼 강조한다. 그런데 이렇게 수많은 것을 알려주는 가운데, 정말 중요한데도 아이에게 미처 알려주지 못하는 것이 하나 있다. 바로 '나를 사랑하는 방법'이다.

"네? 무슨 말씀이세요? 제가 아이를 얼마나 사랑하는데요. 아이를 이해하려고 늘 애쓰고, 사랑한다는 말도 엄청 자주 해줘요."

이렇게 반문하는 부모가 있을지도 모르겠다. 물론, 그렇다. 부모라면 누구나 아이를 충분히 사랑하고 있을 것이다. 하지만 '사랑을 받는 것'과 '스스로를 사랑할 줄 아는 것'은 엄밀히 다른 개념이다. 부모의 사랑이 흘러들어가 아이가 자기 자신을 사랑하는 데까지 이어지기 위해서는 또 다른 노력이 필요하다. 사랑을 '그저 주기'만 해서는 아이가 스스로를 아끼고 사랑하는 방법을 배울 수 없다. 사랑을, 정확히 말하면 '나를 사랑하는 기술'을 '알려주는' 것이 중요하다. 나를 사랑할 줄 아는 아이야말로 스스로를 믿고 흔들림 없이 나아가는 일이 가능하기 때문이다. 아이가 스스로에 대한 사랑을 토대로 마음을 단단하게 다지도록 돕는, 엄마의 감정 코칭법을 살펴보자.

아이의 마음을 읽지 말자
: 확증편향의 오류

"저희 애는 친구한테 너무 휘둘려서 아무 말도 못 하고 힘들어하는 것 같아요. 그런 애랑 놀지 말라고 해도 말을 안 듣네요. 도대체 어떻게 해야 할까요?"

참 이상한 일이다. 학부모와 대화를 나눠보면 항상 듣게 되는 말이 있다. 아이가 왜 그러는지 다 알고 있다는 것이다. 진료 전에 이미 자가진단을 끝내고, 의사의 입을 통해 그저 병명을 확인받으려고 하는 환자의 태도와 비슷하다고 할 수 있다. 아이 마음을 이렇게 잘 알고 있으니 금세 해결될 것 같은데 이상하게 힘이 든다. 도대체 무엇이 잘못된 걸까?

엄마가 자신의 아이를 잘 안다고 생각하는 것은 어쩌면 당연한 일이다. 내 아이는 배 속에서부터 지금까지 항상 나와 함께했기 때문에, 누구보다도 내가 아이를 잘 안다고 생각하는 것이다. 하지만 여기에서부터 '확증편향의 오류'가 시작되기 쉽다. 확증편향이란 보고 싶은 것만 보고, 믿고 싶은 것만 믿는 현상을 말한다. 정보를 공정하고 객관적으로 판단하지 않고 자신의 생각을 뒷받침하는 유리한 정보만 선택적으로 수집하다 보니 오류가 발생한다. 그래서 내 아이는 내가 제일 잘 안다는 학부모를 만나면 이런 이야기를 들려드리곤 한다.

"아이의 마음을 읽지 마세요. 그냥 바라봐주세요."

무슨 뚱딴지같은 소리냐고 할 수도 있겠다. 아이의 마음을 읽는 것과 바라보는 것이 뭐가 그리 다르단 말인가. 하지만 분명 다르다. 마음을 읽으려고 할 때는 '그래, 너는 이래서 그런 거구나?'라며 행동을 해석하는 데 집중하기 쉽다. '딱 보면 어떤 마음인지 알아'라며 아이를 분석하려는 순간 확증편향의 오류가 시작된다. 아이의 온전한 마음에 귀 기울이기보다 아무래도 엄마의 생각이나 판단을 바탕으로 해석해버리기 십상이다. 읽으려고 할수록 그 마음을 알기 힘들어지는 이유다.

"친구에게 너무 휘둘려서 걱정이다"라는 어머니의 말도 어쩌면 확증편향일지 모른다. 물론 아이는 엄마 생각처럼 친구가 어렵고 불편한데 말도 못 하고 끌려다니는 상황일 수 있다. 하지만 반대로 자신마저 멀어지면 그 친구가 외톨이가 될까봐 안타까워서 자발적으로 어울리는 것일 수도 있다. 또는 이 친구가 아직은 싫지 않기에 계속 자신을 존중하지 않는 모습을 보이면 그때 이야기하려고 잠시 상황을 지켜보는 중일지도 모른다.

이때 엄마가 나서서 아이의 마음을 단정하고 어떻게 하라고 조언하는 것은, 좀 극단적으로 표현하자면 교육이라기보다 조종에 가깝다. 엄마의 확증편향으로 인한 불안을 빨리 잠재우기 위한 행동에 불과한 셈이다. 아이의 마음이 엄마의 생각과 다를 수 있다는 사실을 잊으면 안 된다.

그렇다면 마음을 바라본다는 것은 무슨 의미일까? 아이의 마음을 쉽게 판단하거나 평가하지 않고 먼저 살펴본다는 뜻이다. 아직은 잘 모르는 그 마음에 다가가기 전 다각도로 살피고 고민하는 과정이다. 아이의 마음을 올바로 바라보기 위해서는 판단과 해석 대신 고민과 질문을 해야 한다.

"네 마음은 어때?"

"혹시 친구랑 멀어질까봐 걱정되니?"

선불리 단정하지 않고 존중하는 태도를 보여줄 때, 아이는 솔직히 털어놔도 괜찮겠다고 느낀다. 진심으로 궁금해하는 모습을 보여줄 때, 아이는 비로소 자신의 마음에 집중하며 생각을 하나둘씩 꺼내게 된다. 확증편향의 오류에서 벗어나 아이의 마음과 생각을 있는 그대로 바라봐주는 것, 이것이 아이의 마음을 단단하게 만드는 엄마의 감정 코칭 1단계다.

따스한 몸의 경험은 정서적 피난처다
: 스킨십의 기적

미국 가출 청소년을 대상으로 조사한 결과 90퍼센트 이상이 스킨십 결핍증이었다는 연구 보고가 있다. 스킨십과 가출이 도대체 어떤 연관이 있을까?

마이애미의대 접촉연구소 소장인 티파니 필드는 스킨십이야말로 우리가 태어나 처음으로 배우는 심오한 언어라고 말한다. 갓난아기는 욕구가 채워지지 않거나 정서적으로 불안감을 느끼면 울음을 터뜨린다. 울음소리를 들은 양육자는 아이를 토닥이며 달래거나 상황을 파악해서 필요를 채워준다. 이 과정에서 안정감과 행복감을 유발하는 옥시토신과 세로토닌 호르몬이 분출되며 긴장을 풀어준다. 그러면 아이는 '아, 이 사람은 내가 믿을 수 있겠구나. 나는 안전한 곳에 있구나'라는 신뢰와 안도감을 느낀다.

이러한 경험이 쌓이면 아이는 육체적·감정적으로 힘든 상황과 맞닥뜨렸을 때 자신을 안아주었던 따스함을 떠올린다. 몸속에 저장된 따스함의 기억은 스트레스 상황에서도 정서적 피난처 역할을 한다.

하지만 반대로 아무리 울어도 어느 누구도 나타나지 않는다면? 아이의 불안감은 두려움과 공포로 바뀐다. 그리고 극한 공포와 두려움에 떨었을 때 달려와준 사람이 아무도 없었다는 기억이 각인처럼 남는다. 양육자와의 관계에서 충분한 신뢰의 경험을 쌓지 못했기 때문에, 이후에도 다른 사람을 잘 믿지 못하고 감정을 건강하게 표현하기 어려워한다. 안전하게 위로받을 수 있는 정서적 피난처가 없기 때문에 늘 불안하다. 물론 이는 아이가 좀더 큰 후에라도 더 많은 스킨십을 통해 해소해나갈 수 있다.

깜빡깜빡, 휴대전화 배터리가 부족하다는 표시가 뜨면 우리는 재빨리 충전기를 연결한다. 휴대전화가 방전되는 일을 미연에 방지하기 위해서다. 때로는 아이의 마음이 깜빡거릴 경우가 있다. 마음이 지치고 힘들어 충전이 필요하다는 메시지를 보내는 것이다. 이때 따스하게 안긴 기억이 있는 아이들은 그 기억을 바탕으로 스스로를 위로하고 마음을 돌본다.

따스한 몸의 경험은 무의식의 역사가 되어 흔들림 속에서 자신을 지탱해주는 뿌리가 된다. 이것이 감정 코칭의 2단계로 '스킨십'을 이야기하는 이유다. 몸이 힘들면 마음도 아프고, 마음이 괴로우면 몸도 반응하는 것처럼 감정 코칭과 신체 접촉은 밀접한 연관을 맺고 있다. 자신을 안아주는 따뜻한 손길, 따스하게 바라봐주는 눈빛, 다정한 토닥거림이 때로는 백 마디 말보다 더 큰 힘으로 다가간다는 사실을 잊지 말자.

타인과의 스킨십이 가장 큰 효과를 발휘하지만, 아이가 스스로를 안아주며 위로하는 방법도 있다. 그중 하나로 불안에 떠는 아이들이 1초 만에 자신을 다독일 수 있는 '나비포옹법'을 소개한다. 눈을 감은 채 팔을 엇갈려 상체에 놓고 가슴이나 팔을 토닥이는 방법이다. 이를 통해 아이는 따뜻한 체온을 느낀다. 사실은 잘하고 싶었지만 잘되지 않았던 상황에 속상한 자신을 위로하고 격려하게 된다.

'나도 시험 잘 보고 싶었는데, 속상해. 그래도 수고 많았어. 다음에는 실수하지 말자!'

잘못된 행동 뒤의 선한 마음을 발견해주자
: 양심의 톱니바퀴

'양심의 톱니바퀴'라는 개념이 있다. 우리 마음속에 양심이라는 톱니바퀴가 있는데, 도덕적으로 옳지 않거나 문제가 있는 행위를 하면 톱니바퀴가 돌아가며 마음을 콕콕 찌른다는 것이다. '양심에 찔린다'는 표현은 여기서 비롯됐는지도 모른다. 그런데 양심에 찔리는 행동을 너무 많이 하면 톱니바퀴가 닳고 닳아 더 이상 마음을 찌르지 않게 된다. 그때부터는 개의치 않고 나쁜 행동을 일삼게 되는 것이다.

아이가 자신을 제대로 사랑할 줄 알기 위해서는 선한 마음의 톱니바퀴가 필요하다. 나를 사랑할 줄 아는 것이 이기적인 것과 구별되는 이유는, 내가 소중한 사람이듯이 옆에 있는 친구도 소중하다는 사실을 알기 때문이다. 그러기 위해서는 내 안에 남과 더불어 살아가고자 하는 선한 마음이 있다는 점을 아이가 기억해야 한다.

어느 날 상담실로 전화가 왔다. 세 명의 아이들이 한 아이를 너무나 괴롭혀서 보냈으니 이야기를 좀 나눠달라는 요청이었다. 순간 혼날 거라는 생각에 잔뜩 움츠러들어서 상담실로 오고 있을 아이들의 마음이 느껴졌다. 잠시 후 문이 열리고 역시나 불안한 표정으로 얼굴이 어두워진 아이들이 들어왔다.

나는 아이들에게 다짜고짜 왜 친구를 괴롭혔는지 물어보지 않았다. 대신 "요즘 학교생활은 어때? 학교에서 힘든 점은 없어?"라는 질문을 던졌다. 아이들은 살짝 놀란 눈치였다. 분명히 혼날 줄 알았는데 이 선생님이 갑자기 '생뚱맞은' 질문을 했기 때문이다. 하지만 내 입장에서는 당연했다. 담임선생님에게 들은 내용은 '한 명의 아이를 괴롭힌다'는 단 한 문장뿐이었고, 그 문장으로는 아이들의 모든 것을 알 수 없다고 생각했다.

학교생활에 대해 이야기하며 편안한 분위기가 조성되자 아이들은 그제야 속마음을 꺼내놓았다. 선생님이 같은 모둠의 친구를 잘 챙겨주라고 해서 노력했는데, 정작 그 친구는 자기 하고 싶은 대로만 하려고 해서 속이 상했다는 것이다. 게다가 선생님이 상황을 정확히 알지 못한 채 자기들에게만 뭐라고 해서서 화가 났던 마음도 털어놨다.

"저희도 잘한 건 아닌데 너무 화가 났어요."

자신들도 나름 노력하고 있는데 선생님이 잘 알아주지 않아 단단히 서운했던 모양이었다. 그럼에도 그 친구와 함께 모둠활동을 하려고 노력한 마음이 참 기특했다.

"그랬구나. 그러면 선생님한테 서운했을 수도 있겠다. 친구한테 화가 나기도 하고 말이야. 나름 잘하고 싶었는데 그게 잘 안 되었구나. 힘들었을 텐데도 친구랑 함께 모둠활동을 하려고 애쓰고, 대단하다."

자기들의 마음을 알아준다고 느꼈는지 아이들의 표정이 한결 밝아졌다. 그렇게 좀더 이야기를 나눈 후 아이들을 교실로 올려 보냈다. 얼마 지나지 않아 담임선생님에게 전화가 왔다.

"선생님, 아이들에게 뭐라고 하셨어요?"

약간 뜨끔했다. 혹시나 무슨 일이 일어났나, 당황스럽기도 했다. 그래서 처음 만난 거라 별다른 말을 하지 않았다고 하자 이런 답이 돌아왔다.

"그래요? 애들이 갑자기 완전히 바뀌었어요. 친구를 너무 열심히 도와주는데요?"

"그렇군요. 아이들이 멋지네요. 아이들이 나름 노력하는 것 같더라고요. 그 모습도 많이 칭찬해주세요."

아이들이 갑자기 바뀐 이유는 무엇일까? 아마도 아이들의 선한 마음을 알아봐주려는 노력 덕분이 아닐까 싶다. 나는 대화를 나누며 "잘못한 거 알면 다시 그러면 안 돼"라거나 "그래도 친구를 괴롭히면 안 되지"라는 식으로 판단하거나 충고하지 않았다. 대신 아이들의 행동 뒤에 있던 여러 속마음 중 '모둠활동을 열심히 하고 싶다', '선생님 말씀대로 친구를 도와야겠다'는 선한 마음을 발견하고 이를 아이들이 상기할 수 있도록 도와줬다.

아이가 순간적인 감정에 충동적으로 반응해서 친구를 때리거나 흉을 보거나 화를 낼 때가 있다. 이럴 때 아이의 행동 자체에만 집중해서 평가하면, 아이 역시 '나는 친구를 때린 사람=나쁜 사람'이라고 정의 내린다. 아이의 잘못된 행동에 대해서는 엄격하게 이야기해주되, 그 안에 있는 선한 마음을 잊지 말고 바라봐주어야 한다.

아이의 마음속에 '양심의 톱니바퀴'가 계속 굴러가도록 돕는 것은, 주효한 감정 코칭 중 하나다. 눈에 보이는 한 가지 행동으로 판단하기 전에 먼저 아이의 마음을 바라봐주자. 나의 선한 마음을 믿어주는 사람이 단 한 명만 있더라도 아이는 좋은 모습을 더 발전시키려고 노력한다.

흔들리지 않는 믿음이 중요하다
: 자기실현의 힘

내가 초등학교 1학년 때의 일이다. 받아쓰기를 했는데 40점을 받았다. 그러자 옆에 있는 짝이 나를 놀리며 말했다.

"큰일 났다. 너 이제 엄마한테 죽었다."

그런데 정작 나는 태연했다.

"아니야. 우리 엄마는 나한테 잘했다고 그럴걸?"

그래서 내기가 시작되었다. 친구들은 받아쓰기 40점을 받고도 엄마한테 '잘했다'는 소리를 들을 수 있다는 사실을 못 믿겠다고 했다. 증인이 되기로 한 짝과 함께 우리집 대문을 열며 "엄마, 나 오늘 받아쓰기 40점 받았어"라고 자랑하듯이 소리를 질렀다. 짝은 자신이 함께 왔다는 것을 들키지 않으려고 숨죽이며 서 있었다. 잠시 후 엄마가 부엌에서 나오면서 말했다.

"잘했어."

시간이 흘러 어른이 된 뒤, 문득 궁금해져서 왜 그때 잘했다고 했냐고 물어보자, 이런 답이 돌아왔다.

"속상하긴 했지. 근데 혼낸다고 점수가 바뀌는 것도 아니잖아. 괜히 너만 주눅 들 거고. 그냥 틀린 것 공부해서 다음에 더 잘하면 된다고 생각했던 거지."

받아쓰기 40점을 받은 날, 나는 눈물 콧물을 쏟으며 복습하지 않았다. 대신 '똑같은 건 다시 틀리지 말아야지!'라는 생각으로 틀린 글자를 하나하나 머리에 새기며 공부했다. "왜 이것밖에 못 했어!"라는 질

책을 받으면 '나는 40점짜리 머리야'라고 자책하게 된다. 하지만 "잘했어. 틀린 건 다시 공부하면 돼"라는 응원은 다른 결과를 만들어낸다. 받아쓰기 40점이라는 결과는 앞으로 60점이나 더 성장할 여지가 있다는 가능성을 알려준다. 그럼 아이는 '모르는 걸 알았으니, 앞으로 더 잘하면 돼'라며 점점 더 멋진 모습으로 성장하고 싶은 마음이 든다.

심리학자 융은 분석심리학을 통해 건강한 사람이란 '있는 그대로의 자신'이 되는 자기실현을 이룬 사람이라고 표현했다. 그리고 이렇게 진정한 자기 자신이 되기 위해서는 장점뿐 아니라 실수와 단점, 좌절까지 자신의 한 부분으로 인정할 수 있어야 한다고 보았다.

세상의 기준과 타인의 시선에 쉽게 흔들리지 않고 자신의 소신대로 살아가려면 많은 불안을 이겨내야 한다. 주변 사람과의 비교와 질타는 물론이고, 때로는 도전에 따른 실패를 온전히 겪어내야 하기 때문이다. 그래서 많은 아이들이 이러한 아픔을 피해 남들처럼 안전지대에 머무르곤 한다. 나는 변화를 앞두고 두려워하거나 실패로 인해 좌절하는 아이들에게 이런 말을 해주곤 한다.

"만약 네가 백 번도 아니고 만 번 정도 실패하면 어떨 것 같아? 다시 도전할 수 있을 것 같아?"

그러면 아이들은 하나같이 손사래를 친다.

"에이, 만 번이나 실패했는데 어떻게 해요? 그냥 안 하고 말래요."

아이의 이런 말에 "하지만 너는 이미 만 번 넘게 도전해서 성공했는걸?"이라고 답하면 아이의 눈빛이 달라진다.

"제가요? 저 그런 적 없는데요."

그러면 이제 이야기를 시작한다. 엉금엉금 기던 아이가 두 발로 일어서서 걸음을 떼기 위해서는 수만 번의 넘어짐이 필요하다는 사실을 알려주는 것이다. 수만 번 쓰러지고 다치면서 아이는 몸을 지탱해줄 다리 근육을 키우고, 두 발로 걷는 방법을 배우게 된다고 말해준다.

넘어지지 않았다면 일어서서 걷는 법을 배우지 못했을 것이다. 넘어지기 두려워서 걸음을 포기했다면 두 발과 다리의 근육은 더 이상 발달하지 않았을 것이다. '너는 이미 수만 번을 넘어지고도 다시 일어났던 사람이야'라는 메시지를 전해주면 아이들의 눈빛이 초롱초롱해진다.

"엄마니까 나한테 그런 말을 하는 거지"라며 아이가 응원을 받아들이지 않을 때가 있다. 그럴 때도 흔들리지 않는 믿음을 보내주는 것이 중요하다.

자신을 흔들림 없이 믿어주는 엄마를 보며 '난 못 할 거야'라던 아이의 생각이 흔들리게 된다. 믿음을 먹고 자란 아이는 자신의 속도에 불안해하지 않는다. 설사 뒤처져도 나는 올바로 갈 것이고, 넘어지더라도 그 경험이 나를 다시 일으켜 세우는 자양분이 될 것이라는 사실을 알기 때문이다. 아이의 마음을 단단하게 만드는 엄마의 감정 코칭은 '흔들리지 않는 믿음'을 보여주는 태도로 완성된다.

'꽃길만 걷자'는 말이 있다. 그만큼 아이가 어려움 없이 크면 좋겠다는 것이 모든 부모의 바람이다. 하지만 아이가 꽃길만 걸을 수는 없다. 삶에는 형형색색의 화려하고 아름다운 꽃잎도 있지만 매섭게 아프고 무서운 가시도 포함되어 있기 때문이다. 아름답고 화려하고 보기 좋은 삶만 살면 바랄 것이 없겠지만, 때로는 좌절도 겪게 되는 것이 현실이다. 그래서 아이에게 꽃잎만 따라가면 된다고 말할 것이 아니라, 때로는 가시밭길을 걷더라도 아이가 쓰러지지 않도록 곁에서 한 걸음 한 걸음 함께 걸어주는 것이 부모의 진정한 응원이다.

2장

장점을 강점으로, 개성을 재능으로!

: 긍정적 감정 키워주기 :

'아, 지금의 나도 괜찮구나'만으로
자존감은 단단해진다

"우리가 만든 피켓을 들고 캠페인을 할 때 구호를 외쳐줄 사람이 필요한데, 누가 먼저 해볼까?"

"제가 한번 해볼래요!"

우주가 가장 먼저 손을 든다. 등교시간 친구들 앞에서 구호를 외치는 캠페인 활동이 쑥스러울 법도 한데, 전혀 문제없다는 태도다. 우주는 평소에도 활동적인 학생이다. 늘 자신감 있게 행동하는 우주를 친구들도 믿고 따르는 편이다. 오늘도 우주는 자신감을 온몸으로 뿜어내며 처음 보는 아이들에게도 친근하게 다가간다.

"안녕? 이거 우리가 만든 건데 한번 읽고 설문조사 해줄래?"

설사 거절당해도 상처는 받지 않는다.

"그래, 그럼 다음에는 꼭 해줘!"

밝게 말하는 우주의 얼굴에 미소가 한가득이다.

반면 대희는 아침부터 표정이 좋지 않다. 걱정스러운 마음에 선생님이 인사를 건넨다.

"대희야, 안녕. 캠페인 하러 일찍 왔구나? 잠은 푹 잤니?"

"그냥…… 보통이에요……"

컨디션이 좋지 않은 것인지, 대희는 선생님을 똑바로 쳐다보지 못하고 대답을 흐린다. 스스로 '결정장애'라고 말하는 대희는 머뭇거리는 일이 잦다. 대화할 때는 혹시 잘못 말했다가 친구들에게 핀잔을 받지는 않을까 하는 걱정으로, 웬만해서는 입을 열지 않는다. 캠페인 활동을 할 때에도 "저는 잘 못 하겠어요"라며 앞에 나서려 하지 않는다.

오늘 대희는 우주와 한 팀이 되어 정문에서 스티커로 설문조사를 하게 되었다. 그런데 아무래도 모르는 친구들에게 말을 걸기가 쉽지 않은 모양이다. 아이들이 한 명, 두 명 지나갈 때마다 대희의 얼굴이 점점 어두워진다.

"한번 더 해보면 되죠!", 자존감이 건강한 아이의 여유

캠페인 활동이 끝나고 대희의 담임선생님이 나를 찾아왔다. 선생님이 "캠페인 하느라 정말 수고했어. 친구들이 네가 엄청 열심히 했다고 말해주던걸?"이라고 칭찬하자, 대희가 손사래를 치며 부정했다는 것이다.

"아니에요. 우주가 다 했죠. 저는 아무것도 한 게 없어요."

비록 우주처럼 전면에 나서지는 않았지만, 대희도 캠페인에 최선을 다했다. 쭈뼛거리면서도 친구들에게 설문조사를 해달라고 부탁했고, 조사에 응한 친구가 뭔가 물어보면 성심성의껏 답변해줬다. 그런데도 대희는 자신은 아무것도 한 것이 없다며 자책했다. 선생님은 대희가 많이 염려된다고 고민을 털어놓았다.

"대희는 매번 자신이 잘 못 한다고 해요. 칭찬을 해줘도 좋아하지 않고요. 아마 자존감이 낮아서 그런가봐요."

자존감. 요즘 들어 참 많이 듣는 단어다. 아이가 주눅 들거나 다소 소극적으로 행동하면, 대부분 자존감이 낮아서 그렇다고 생각한다. 그래서 자존감을 높여주려고 노력한다. 자존감이 중요성을 인정받고 이를 위한 교육이 병행되는 상황은 분명 환영할 만하다. 하지만 문제는 자존감을 심어주려는 어른들의 노력이 오히려 아이의 자존감을 갉아먹는 경우가 있다는 것이다.

우선 자존감이 무엇인지부터 살펴보자. 자존감은 '자신의 능력과 가치에 대한 태도'를 의미한다. 자신이 사랑받을 만한 사람이라고 생각하는 태도, 어떤 상황에도 스스로 문제를 잘 해결할 능력이 있다고 믿는 신념이 자존감을 구성한다. 한 가지 흥미로운 사실은 자존감이 굉장히 주관적이라는 점이다. 다른 사람들 눈에는 정말 능력 있고 대단한 사람이라고 하더라도, 스스로는 그렇게 인정하지 않는 경우가 있다. 자존감이 높지 않은 사람은 옆에서 "너는 정말 뛰어나다"고 말해줘도 절대 그렇지 않다며 지나친 겸손을 보인다.

반면 자존감이 높지만, 건강한 자존감이 아니라서 문제인 경우도 있다. 자신이 모든 면에서 월등하다고 느끼며 단점이나 실수를 결코 인정하지 않는 사람이 그런 경우다. 사실 이 경우는 자존감이 높다기 보다는 자만심이 강하다고 봐야 한다. 그렇다면 건강한 자존감이란 어떤 것일까? 같은 코트에 대한 세 사람의 반응에서 이를 유추해볼 수 있다.

A 이 코트 너무 예쁘지 않나요? 소재도 그렇고 색상도 정말 예쁘죠? 이렇게 예쁜 코트는 본 적이 없어요. 게다가 여기 박음질 좀 보세요. 정말 견고하죠? 어디에 가도 이것보다 좋은 코트는 찾기 어려울 거예요. 단점은 도저히 찾을 수 없는 제품이네요.

B 이 코트 참 예쁘죠? 마음에 들어요. 색상도 저와 잘 어울리는 것 같고, 소재도 부드러워서 촉감이 좋아요. 물론 안감이 없어서 보온성이 높다고 볼 수는 없지만, 너무 추워지기 전까지는 잘 입을 수 있을 것 같아요.

C 이 코트, 정말 마음에 안 들어요. 예쁘면 뭐해요? 안감이 없잖아요. 이러면 추울 때 어떻게 입고 다니겠어요. 정말 쓸모없는 제품이네요.

이 중 어떤 사람이 건강한 태도를 갖고 있을까? 언뜻 생각하기에는 긍정적인 면을 크게 강조한 A일 듯하다. 하지만 단점은 전혀 찾아볼 수 없다는 무조건적인 긍정은 합리적인 판단이라고 보기 어렵다. 또한 한 가지 단점 때문에 다른 장점은 인정하지 않는 C의 태도 역시 건강하다고 볼 수 없다. 결국 단점과 장점을 모두 고려한 B가 건강한 태도를 갖고 있다고 할 수 있다.

자존감 역시 같은 맥락이다. 자존감이 높다는 것은 자신의 긍정적인 모습만 바라보며 스스로를 북돋는다는 의미가 아니다. 부족한 모습까지도 있는 그대로 인정하면서 단점은 보완하고 장점은 살리고자 노력할 줄 안다는 뜻이다. 그래서 건강한 자존감을 가진 아이들은 실수나 실패를 해도, 쉽게 좌절하지 않는다. "한번 더 해보면 되죠!"라며 유연하게 대처하는 여유를 보인다.

사실 우리 모두는 완벽하지 않다. 오히려 완벽하게 '완벽하지 않은' 사람들이다. 자존감이 건강한 사람은 완벽하지 않은 자신을 있는 그대로 받아들이며, 부족함을 인정하고 이를 보완하고자 노력한다. 반면 자존감이 낮은 사람은 완벽하지 않은 자신을 부끄러워하고 자책하는 경우가 많다.

'장점 찾기 활동'이 진우의 자존감을 낮춘 이유

진우는 교실에서 늘 투덜거린다. 어떤 모둠활동을 해도 재미없다고 하고, "난 잘 못 해요", "안 할래요"라는 말을 밥 먹듯이 한다. 불평불만은 쉬는 시간까지도 이어진다. 친구와 다툼이 벌어지면 "네가 먼저 그랬잖아!"라며 상대를 탓하고, 한번 싸우면 화해를 어려워한다. 표정이 어둡고 부정적인 생각에 쉽게 빠지는 진우가 엄마 아빠는 안타깝기만 하다. 분명히 잘하는 게 있어 칭찬을 해줘도 진우는 아니라고만

한다.

진우와 마주 앉은 어느 날, 나는 "우리 서로 좋은 점을 찾아보는 활동을 해볼까?"라고 제안했다. 아이가 스스로에 대해 다시 생각해볼 수 있게 돕는 활동이 바로 장점 찾기이기 때문이다. 그러자 진우가 불쑥 이렇게 답했다.

"아, 지난번에 엄마가 일주일 동안 장점 100가지를 찾으라고 했는데, 진짜 죽는 줄 알았어요."

속으로 뜨끔했지만, 내색하지 않고 질문을 건넸다.

"그랬구나. 100가지는 좀 많기는 하네. 그래서 100가지를 다 찾았어?"

100가지를 찾았을 때 생각의 변화가 있었을까? 일말의 희망을 품고 물은 것이었다.

"뭐, 억지로 다 쓰긴 했어요. 그런데 그럼 뭐해요. 마음에 하나도 안 드는데."

진우는 엄마가 장점을 찾으라고 해서 어떻게든 100가지를 채우기는 했지만, 억지로 찾아낸 자신의 장점이 도무지 마음에 들지 않는다고 했다. 장점 찾기 활동을 하면서 진우는 어떤 생각을 했을까?

'뭐야. 나는 장점도 왜 이런 것밖에 없는 거야? 아, 짜증나. 정말!'

자존감이 낮은 아이들은 '난 잘 못 해', '나는 왜 이것밖에 못 하지' 라며 자기 자신에 대해 쉽게 만족하지 못한다. 그래서 늘 주위의 시선에 민감하다. 혹시 친구들도 나를 부족한 사람으로 생각하는 건 아닐지 전전긍긍하기 일쑤다. '엄마는 내가 못마땅해서 이러는 게 분명해', '쟤도 나랑 놀기 싫어하는구나'라며 주위에서 별뜻 없이 한 말에 대해서 자신의 생각대로 '해석해버리는' 경향도 강하다. 이를 지켜보는 부모는 당연히 애가 탄다. 그래서 아이의 자존감을 올리는 일에 더 매달리게 된다. 100가지 장점을 찾게 하면 자존감이 조금이라도 높아지지 않을까 기대하면서 말이다. 하지만 장점을 찾는 활동이 진우의 자존감을 도리어 낮추어버린 것처럼, 그 노력이 수포로 돌아가는 경우가 적지 않다.

자존감 형성에서 중요한 부분은 어린 시절 의미 있는 타인과의 상호작용이다. 보고 배운다는 논리가 아이의 자존감에도 그대로 적용되는 셈이다. 부모님과 선생님, 친구들이 나를 존중하는 긍정적인 말과 태도를 보여주면, 아이는 스스로를 인정하고 존중하게 된다. 부족한 모습까지 받아들여지는 경험을 하면, 자신의 약점과 단점을 부끄러워하지 않고 받아들일 수 있게 된다.

하지만 반대로 부족한 점을 항상 지적받으면 어떻게 될까? 그로 인한 수치심이 지워지지 않는 흉터처럼 남아 스스로를 부정하고 비난하기 십상이다. 그 후에는 주변에서 아무리 칭찬해줘도 '이건 분명 선생님이 그냥 하시는 말씀일 거야'라고 생각하며 고개를 저어버린다. 이런 아이는 자기 눈에는 사과가 노랗게 보이는데 다른 사람들은 사과가 빨갛다고 우기는 것처럼, 자신에 대한 칭찬을 잘못된 판단으로 인식한다.

진우는 어렸을 때부터 자신보다 모든 것이 뛰어난 형과 항상 비교를 당했다. "너도 형처럼만 해"라는 말이 흉터처럼 남았다. 모범생이면서 친구들과도 잘 노는 형이 멋있었지만, 진우에게는 마치 넘을 수 없는 벽처럼 느껴졌다. 처음엔 나름 이런저런 노력을 해봤지만 도저히 형처럼은 될 수 없었다. 그러다 어느 순간부터 '나는 절대 형처럼 될 수 없어. 형처럼 될 자신이 없어'라는 좌절감이 뿌리 깊게 박혔다. 그런 진우를 보며 엄마 아빠는 늘 이렇게 말했다.

"왜 할 수 없다는 생각을 하니? 자신감을 가져. 넌 할 수 있어!"

엄마 아빠는 진우를 응원한 것이었지만, 진우는 오히려 부담을 느꼈다. 왜 그랬을까? 사실 아이의 자존감을 높여야 한다는 생각에는 '아이의 자존감이 낮아서 안타깝다. 빨리 자존감을 높여줘서 문제를 해결하고 싶다'는 조바심이 깔려 있는 경우가 많다. 이는 아이에게도 고스란히 전달된다. 그래서 장점 찾기 같은 좋은 의도의 활동이 자칫하면 '네가 자존감이 낮아서 안 되겠어. 이런 시도를 해서라도 자존감을 높여야겠어'라는 메시지로 전해질 수 있다. 그러면 아이는 '결국 내가 문제구나. 내가 모자라서 그래'라고 자책하며, 자존감이 더 떨어지는 악순환이 반복되곤 한다.

아이의 자존감을 키우는 말 vs. 꺾는 말

사실 아이 스스로 자존감을 조절하기란 결코 쉽지 않다. 자존감은 어린 시절부터 경험이 쌓이면서 형성되는 태도인데, 노력으로 자존감을 올리라고 하니 가능할 리 없다. 아이의 자존감 형성에는 주변 사람들의 역할이 굉장히 중요한데, 앞에서도 살펴봤듯 직접적인 주문이나 활동은 오히려 부담으로 다가가기 쉽다.

이때 필요한 것이 '우회전 전략'이다 '지금의 너도 참 괜찮은 사람'이라는 사실을 간접적으로 알려주며, 있는 그대로 받아들여지는 경험을 선사하는 것이다. 특히 아이의 자존감에 브레이크를 거는 말은 금물이다. 엄마 아빠가 별뜻 없이 사용하는 표현 중에 아이의 자존감에 상처를 주는 말을 살펴보자.

☹ "조그만 게 뭘 안다고 그래!"

누군가에게 무시당하는 일은 아이에게도 당연히 기분 좋지 않은 경험이다. 게다가 그저 어리다는 이유만으로 생각과 감정까지 무시당한다면 어떨까? 아이는 마음을 솔직하게 말하기를 거부하게 된다. 어른만큼 복잡하지는 않아도 아이의 생각 역시 충분히 깊다는 사실을 인정해줘야 한다.

☹ "내가 너라면", "나는 어렸을 때"

"엄마는 30년 전에 공부한 걸 가지고 나랑 비교해요. 요즘은 다르다니까." 한 아이의 하소연이다. "내가 네 나이였을 때는 지금처럼 학원이 많지 않아서 혼자 책 보며 공부했어"라는 엄마의 말을 들을 때마다 답답하다는 것이다. 가뜩이나 친구와 비교당하는 것도 싫은데, 엄마의 어린 시절 모습과도 비교당해야 한다니. 아이는 자신에게 부담을 주는 엄마가 밉기만 하다.

아이는 '리틀 엄마', '리틀 아빠'가 아니다. 부모와는 엄연히 다른 존재다. 부모 입장에서는 아이에게 좀더 설득력 있게 이야기하기 위해 "내가 너라면", "나는 어렸을 때" 같은 표현을 사용하는 것이겠지만, 아이에게는 전혀 와닿지 않는 과거의 이야기일 뿐이라는 사실을 기억하자.

☹ "내가 너 그럴 줄 알았다"

"만날 숙제도 제대로 안 하더니, 그럴 줄 알았다." 이런 말은 시험을 망쳐서 속상해하는 아이의 마음에 불을 지른다. "그럴 줄 알았다"라는 말 속에는 '네 능력은 거기까지야'라는 메시지가 포함되어 있다. 지금은 아이의 속상한 마음에만 귀 기울여주는 태도가 필요하다. "이번에는 결과가 좋지 않았네. 그러면 앞으로 어떻게 하면 좋을까?"라며 아이의 생각을 물어봐주자. 이는 아이가 계획을 고민하도록 이끄는 질문이다.

☹ "지금 엄마한테 짜증내는 거야?"

내 사랑스러운 아이라고 하더라도 짜증을 내면 엄마 아빠는 기분이 좋지 않다. 하지만 무조건 꾸중하거나 다시 짜증을 내는 식으로 반응하면, 아이는 감정에 솔직하지 못하게 된다. 또한 이럴 때 어떻게 해야 하는지 제대로 배움을 얻지 못한 채 짜증만 늘어나기 쉽다. 아이가 부정적인 감정을 건강한 방식으로 표현할 수 있도록 도와주어야한다. "짜증이 났구나. 그런데 그렇게 말하면 엄마도 속상해" 같은 식으로 아이의 감정을 인정해주면서, 그에 대한 피드백을 구체적으로 전해주는 것이 중요하다.

자존감이 낮은 아이를 보면 스스로를 어떻게 대해야 하는지 잘 모르는 경우가 많다. 나를 보듬고 사랑하고 예뻐해줘도 되는지, 나에게 비난이 아닌 위로를 해줘도 되는지 알지 못하는 것이다. 그러한 경험을 해본 적이 없어서 뭔가 어색하다고 생각한다.

이럴수록 직진이 아닌 우회전 전략이 필요하다. "너 자신을 사랑해야 해!", "자신감을 가져"라는 말보다 아이가 존중받는 경험이 중요하다. 실수를 하거나 부족한 점을 알게 되더라도 "그럴 수 있어. 노력하면 충분히 잘할 수 있단다"라는 이야기를 들으며 '아, 지금의 나도 괜찮구나!'라고 깨닫는 경험이 아이에게 스며들어야 한다. 아이의 자존감을 우회적으로 높여주는 말들을 살펴보자.

☺ "그럴 수 있겠다"
간혹 아이가 마치 별나라에서 온 것처럼 대화가 잘되지 않는 경우가 있다. 이때 "도대체 너는 왜 그러는 거야?"라는 식으로 추궁하거나 답답함을 표현하는 일은 금물이다. 사실 엄마 아빠는 아이와 정말로 다른 세계와 환경에서 자랐다. 그래서 서로 다른 사고방식을 가진 것이 지극히 당연하다. 아이의 마음이 나의 마음과 다를 수 있다는 사실을 받아들이고, 이해할 수 없는 아이의 말에도 "그럴 수 있겠다"며 인정해주는 태도가 필요하다.

☺ "궁금한데, 이야기해줄 수 있니?"

그럼에도 아이가 도저히 이해되지 않을 때는 어떻게 해야 할까? 솔직하게 궁금함을 표현하는 것도 방법이다.

"우리 아들이 어떤 마음에서 그런 말을 한 걸까? 엄마는 무척 궁금한데, 이야기해줄 수 있어?"

아이의 생각과 행동을 섣불리 판단하지 않고 마음을 궁금해하는 사람이 있다면, 아이는 믿고 의지할 수 있는 안전한 곳에 있다는 느낌을 받는다. 누군가 내 이야기를 들어줄 준비가 되어 있다는 것, 그 자체로도 아이는 존중받는 기분을 느낀다.

☺ "네가 있어서 든든해", "너로 인해 행복해"

일부 어른들은 아이들을 한없이 연약한 존재이며, 항상 도움을 받아야 하는 미숙한 존재로 표현하기도 한다. 하지만 생각해보면 도리어 우리가 아이들에게 받는 것이 훨씬 많다. "엄마가 해주는 음식이 제일 맛있어!"라며 '엄지 척' 해주는 아이들, "아빠, 제가 어깨 주물러 드릴까요?"라며 챙겨주는 아이들, "선생님, 뭐 도와드릴 것 없어요?"라고 물어보는 아이들은 우리를 행복하게 만든다. 그 고마움을 표현하는 것이 중요하다.

"네가 내 딸이어서 엄마는 정말 행복해."

"네가 우리 반에 있어서 선생님은 정말 든든해."

무엇을 해줘서 고마운 것이 아니라 존재 자체에 대한 고마움을 표현하면, 아이에겐 스스로에 대한 긍정의 씨앗이 심어진다. 그리고 자신을 바라보는 밝고 긍정적인 시선은 자신감과 자존감으로 이어지며 행복의 지름길이 된다.

☺ "미안해. 속상했지?"

누군가에게 미안함을 표현하는 이유는 그 사람을 한 인격체로 존중하기 때문이다. 혹시 의도와 다르게 상처를 준 것은 아닌지, 마음을 헤아리고 어루만져주고 싶어서 미안함을 표현한다. 아이에게도 미안할 때가 있다. 생각과 다르게 안 좋은 말이 툭 튀어나올 때가 그렇다. 그럴 때면 마음이 무거워져서 꽤 오랜 시간 고민하곤 한다. 이때 그냥 넘기지 말고 미안함을 표현해야 한다.

"아까 엄마가 짜증내서 미안해. 우리 아들 많이 속상했지?"

좀 쑥스러워도 이렇게 말해보는 것은 어떨까? 진심이 담긴 사과는 아이의 속상한 마음을 달래주는 최고의 방법이다.

진정성은
리액션에서 나온다

아무리 말을 해줘도 진심이 잘 표현되지 않을 때가 있다. 표정과 자세에 마음이 제대로 묻어나지 않는 경우로, 흔히 아이들이 "영혼이 없다"라고 표현할 때가 바로 이런 순간이다. 그래서 언어적인 표현만큼 중요한 것이 비언어적인 의사소통이다. 아무리 입으로 "네가 소중하다"라고 이야기한다고 해도 눈이 다른 말을 하고 있다면, 팔짱을 낀 채 딱딱한 자세로 말하고 있다면 무슨 소용이 있을까?

눈을 마주치며 대화한다는 것은, 상대 쪽으로 몸을 기울인 채 말을 건다는 것은 내 모든 시간과 에너지를 지금, 바로 여기에서 당신에게 집중하겠다는 뜻이다. 그만큼 당신이 소중하기 때문에 나의 시간과 에너지를 기꺼이 투자하겠다는 마음을 온몸으로 보여주고 있는 것이다. 그렇기에 입으로뿐 아니라 몸으로도 말해야 아이가 엄마의 진심을 더 잘 느낄 수 있다.

또한 리액션은 대화에 생기를 불어넣는다. 나의 말과 행동에 무미건조한 표정으로 대응하는 사람과 생동감 있게 반응해주는 사람에 대해서는 그야말로 감정의 온도차가 클 수밖에 없다.

"어머, 정말? 대박, 그래서?"

이러한 추임새를 활용한 리액션은 대화를 살린다. '공감하는 말이 무엇인지 모르겠다' 혹은 '도저히 아이가 이해되지 않아서 공감할 수 없다'라고 생각하는 경우가 있는데, 이런 비언어적인 의사소통만으로도 충분히 공감이 가능하다는 사실을 기억하면 좋겠다. 아이와 대화할 때는 많은 말이 필요한 것이 아니다.

자존감이란, 나와 좋은 관계를 맺는 것

아이가 한 걸음만 내딛으면 좋겠는데 그게 되지 않아서 답답할 때가 있다. 하지만 빨리 가라며 앞에서 끌어주고 뒤에서 밀어준다고 해서 자존감이 올라가지는 않는다. 자존감은 시간이 걸리더라도 스스로 내딛는 한 걸음에서 빛을 발하기 마련이다.

물론 생각지 못한 실패와 좌절에 자존감이 오르락내리락 시소를 탈 수도 있다. 그리고 그게 당연하다. 항상 모든 것을 잘할 수는 없기 때문이다. 때로는 아프고 지칠 수도 있다. 그때 나를 다그치고 비난하는 것이 아니라 내가 아프구나, 나를 이해하고 위로하는 시간을 가지는 것이 아이에게도 필요하다.

자존감을 사용하는 올바른 방법은 아이가 <u>스스로</u>와 친해질 수 있도록 돕는 것이다. 자기 자신과 친한 사람, 친구를 배려하고 아끼듯 <u>스스로</u>를 대하는 사람은 쉽게 좌절하거나 주저앉지 않는다. 친구가 속상해하면 달래주고 응원해주듯, 자기 자신을 독려하고 격려할 수 있기 때문이다.

나와 좋은 관계를 맺는 것, 그래서 그것을 바탕으로 다른 사람들과 건강한 관계를 맺는 것, 그게 바로 건강한 자존감 사용법이라는 사실을 명심하자.

자기효능감이 높은 아이는
공부를 즐긴다

대학을 졸업하고 캐나다 학교에서 인턴 교사로 일한 적이 있다. 절대 학교를 빠지려고 하지 않을 정도로 학교를 좋아하는 아이들의 모습을 보며 그 비결이 너무나 궁금해서 아이들과 인터뷰를 했다.

초등학교 2학년이었던 산드라는 수학을 어려워하는 아이였다. 그런데 "수학이 어렵지 않아?"라고 물어봤을 때 산드라는 이렇게 대답했다.

"어렵긴 해요. 그런데 수학은 앞으로 제가 살아가는 데 도움을 주는 과목이라고 생각해요."

수포자, 영포자라는 말을 들어봤을 것이다. 수학포기자, 영어포기자의 줄임말이다. 얼마 전 고등학교 2학년 학생을 대상으로 실시한 국가 수준 학업 성취도 표집 결과가 발표됐다. 그에 따르면 국어와 수학 과목의 기초학력미달 학생 비율 추정치가 각각 4.7퍼센트와 9.2퍼센트라고 한다. 이는 2년 전보다 크게 늘어난 수치다.

단지 중고등학생만의 문제가 아니다. 초등학교에서도 '공부가 재미없다', '학교가 재미없다'는 아이들이 점점 늘어나고 있다. 그래서 캐나다 학생 산드라의 태도가 낯설게 느껴진다. 분명히 수학을 어려워하는데도 쉽게 좌절하지 않으니 말이다. 오히려 도움을 주는 과목이라고 생각하며 도전하겠다는 모범답안을 이야기한다. 과연 산드라의 비결은 무엇일까?

작은 성공 경험이 가져오는 나비효과

어떤 일을 시작하기 전에 자신이 이것을 성공적으로 해내리라고 믿는다면 결과는 어떻게 될까? 당연히 성공으로 이어질 확률이 높다. 자신의 능력을 믿으니 자신감이 넘치고 스트레스도 덜 받으며 불안감도 적기 때문이다.

스스로 어떤 일을 성공적으로 해낼 능력이 있다고 보는 기대나 신념을 '자기효능감'이라고 한다. 이 개념을 소개한 스탠퍼드대 심리학과 교수 앨버트 반두라(Albert Bandura)는 자기효능감은 구체적인 상황에서의 자신감이라고도 표현했다. 자기효능감이 높은 아이들은 도전적이고 어려운 목표를 선호하며 효율적인 공부 전략을 사용하고, 결과적으로 이것이 높은 성적을 가져오는 것으로 알려져 있다.

자기효능감이 낮은 아이들은 어떤 모습을 보일까? 스트레스나 불안을 처리하기 힘들어한다. 아무리 생각해도 스스로 잘 못 할 것 같으니 걱정하고 초조해하다가, 실력을 제대로 발휘하지 못하는 경우도 다반사다.

반두라는 자기효능감은 타고나는 능력이 아니라 교육이나 훈련을 통해 충분히 길러질 수 있는 능력이라는 점을 강조하며 많은 부모들을 안도시켰다. 자기효능감을 높이는 방법 중 가장 효과적인 방법은 바로 성공 경험을 쌓는 것이다. 성공을 반복적으로 경험하다 보면 잘할 수 있다는 기대감 역시 높아진다. 반면 계속 실패를 경험하면 '나는 못 할 것 같아'라는 두려움에 빠져 자기효능감 역시 저하되기 쉽다. 반두라는 자신의 능력에 대한 확실한 증거를 제공하는 숙달 경험(mastery experience)이 높은 자기효능감을 유도한다고 강조했다.

아이가 성공적인 경험을 하기를 바라는 것은 당연한 일이다. 하지만 그것이 잘 안 되는 아이는 어떻게 해야 하는지 답답해진다. 정말 어떻게 하면 좋을까?

💬 조금만 노력하면 성공을 경험할 수 있는 목표를 설정해보자
아이의 현재 상황을 파악하고 지금의 실력에서 조금만 더 노력하면 충분히 성공할 수 있는 과제를 주자. 집에서만큼은 학교의 진도를 따라가기보다는 아이 스스로의 학습 상황에 맞추어 공부해야 한다. 아이의 속도를 인정하고, 그 속도에서 성공을 맛볼 기회를 주는 것이 핵심이다.

작은 성공을 많이 경험하게 해주자

영어를 어려워하는 아이에게 '하루에 영어 단어 20개 외우기'는 생각만으로도 좌절감을 주는, 넘기 힘든 산이다. 하루에 하나라도 제대로 외우고 꾸준히 하다 보면 실력은 차곡차곡 쌓이는 법이다. 아이가 작은 성공 경험을 저장하여 자기효능감이 높아지도록 격려해주자.

자기효능감을 높이는 두 번째 방법은 다른 사람의 성공을 간접 경험하는 것이다. 특히 자신과 비슷한 사람, 자기와 유사한 어려움을 겪었지만 이를 딛고 성공한 사람을 관찰하는 경우 더욱 효과적이다. 아직 자기 자신은 헤매고 있지만, 나와 비슷한 실력과 상황에 놓였던 사람이 성공한 모습을 보면서 '나도 저렇게 할 수 있을 거야'라고 생각하는 것이 자기효능감을 높인다.

단 유의할 점이 있다. 다른 이의 사례를 들려주거나 보여주되, 비교는 금물이다. "옆집 수영이는 공부도 잘하고 이번에 피아노 대회에서 상도 받았다는데!" 같은 말은 부정적인 설득으로 작용한다. '나는 못할 거야'라는 생각만 들게 할 뿐이다. 아이와 비슷한 어려움을 겪다가 성공했던 사람, 실패에도 좌절하지 않았던 사람의 예시를 들어주며 아이가 쉽게 포기하지 않도록 응원해주자.

세 번째로 반두라가 강조한 것은 언어적인 설득이다. 권위 있는 사람이나 중요한 타인이 "너는 할 수 있어"라고 말해주면 자기효능감이 증진된다고 한다. 이에 대해서는 좀더 구체적으로 살펴볼 필요가 있다.

절대 포기하지 않는
아이들의 비밀

자기효능감을 높이기 위해 언어적인 설득이 중요하다는 나의 말에 진형이 어머니는 답답하다는 듯이 이야기했다.

"선생님, 저도 계속 '할 수 있다'고 말해줘요. 그런데 진형이는 제 말을 잘 듣지 않는 것 같아요. 도대체 뭐가 문제일까요?"

뭐라고 이야기했는지 좀더 자세히 말해달라고 부탁하자 이런 답이 돌아왔다.

"'넌 정말 똑똑해! 그러니까 걱정하지 마!'라고 했죠. 그랬더니 저희 애는 '나는 똑똑하지 않아!'라고 하던데요?"

아이들과 공부에 대해 이야기할 때 자주 듣는 말이 있다.

"선생님, 저는 여기까지인 것 같아요."

"공부는 저랑 안 맞아요."

"저는 똑똑하지 않아요."

이런 이야기만 들어도 아이가 앞으로 어떤 태도를 보일지 짐작할 수 있다. '난 이제 틀렸어'라고 생각하는 순간 더 이상 노력하지 않고 배움을 멈추기 쉽다. 실제로 스스로에 대한 자신감이 부족한 아이들과 대화를 나눠보면, 아무리 노력해도 능력이 더 이상 길러지지 않는다는 생각과 마주치게 된다. 이를 '고정 마인드셋(fixed mindset)'이라고 한다.

반면 "어렵긴 한데 점점 잘할 수 있을 거예요. 계속 노력해봐야죠"

라고 하는 아이들도 있다. 정말 놀라운 태도다. 이처럼 스스로 노력을 기울이고 주변의 도움을 받으면 충분히 더 나아질 수 있다고 믿는 태도를 '성장 마인드셋(growth mindset)'이라고 한다.

스탠퍼드대학교 심리학과 교수인 캐럴 드웩은 저서 『마인드셋』에서 원하는 것을 이루는 태도의 힘에 대해 강조한다. 그에 따르면, 능력이 정해져 있다고 생각하는 아이들은 실패 앞에서 쉽게 낙담하는 모습을 보인다. 실수와 실패가 자신의 무능함을 증명한다고 여기기 때문에 아무리 노력해도 소용없다고 생각한다.

능력이 점점 발전할 것이라고 생각하는 아이들은 모든 경험을 배움으로 승화시킬 수 있다. 설사 실수하거나 실패를 겪어도 '이걸 통해서 내가 무엇을 배울 수 있을까?'를 궁리하기 때문에, 이 세상 모든 경험을 나 자신을 발전시킬 좋은 기회로 여긴다.

이쯤 되면 '어떻게 해야 아이의 성장 마인드셋을 길러줄 수 있을까?' 궁금해질 것이다. 그에 앞서 진형이 어머니가 했던 칭찬을 다시 살펴보도록 하자. 진형이 어머니가 잘못한 것은 분명 아니다. '넌 잘할 수 있어'라는 부모의 지지와 격려만 있어도 아이들은 큰 힘이 난다. 문제는 아이가 처한 상황이었다. 계속 수학 문제를 틀리면서 수학뿐 아니라 공부 자체에 대한 자신감이 뚝 떨어진 진형이에게 "넌 똑똑해!"라는 엄마의 말은 공허한 외침으로 다가왔을지도 모른다. 진형이에게는 조금 다른 칭찬이 필요했다.

그렇다면 어떤 칭찬이 아이의 자기효능감을 높이는 데 도움이 될까? 캐럴 드웩 교수와 컬럼비아대학교 연구팀이 칭찬에 대한 실험을 진행했다. 초등학교 5학년 500명을 대상으로 간단한 퍼즐 문제를 풀게 한 뒤 아이들에게 서로 다른 방식으로 칭찬한 것이다.

첫 번째 집단 "영리하고 똑똑하게 문제를 풀었구나." (지능 칭찬)

두 번째 집단 "정말 열심히 노력했구나." (노력, 과정 칭찬)

그 뒤에 드웩 교수는 아이들에게 어려운 퍼즐 문제와 쉬운 퍼즐 문제를 제시하며 하나를 선택하라고 했다. 결과는 어땠을까? 지능을 칭찬받았던 첫 번째 집단의 아이들 중 70퍼센트는 쉬운 퍼즐 문제를 선택했다. 반면 노력을 칭찬받았던 두 번째 집단의 아이들 중 90퍼센트는 어려운 문제를 골랐다. 도대체 무엇 때문에 이러한 차이가 생긴 것일까?

드웩 교수는 칭찬하는 방식이 아이들의 선택에 영향을 미쳤다고 이야기한다. 지능을 칭찬받았던 아이들은 어려운 문제를 선택했다가 자칫 실패한다면 똑똑하다는 점을 증명하지 못할까봐 걱정했다. 노력을 칭찬받은 아이들은 달랐다. 그들은 결과 자체보다는 자신이 얼마나 노력했는지를 증명하고 싶어 하는 모습을 보였다. 이후의 추가적인 실험연구에서도 노력을 칭찬받은 아이들은 실패에도 쉽게 좌절하지 않고 "나의 노력이 부족한 탓"이라며 더 열심히 도전했다. 지능을 칭찬받은 아이들은 실패에 "내가 똑똑하지 않은가 봐요"라고 낙담하며 자신감을 잃는 모습을 보였다.

엄마의 격려에도 꿈쩍하지 않았던 진형이는 고정 마인드셋을 가졌다고 할 수 있다. 자신의 능력에 한계가 있다고 생각했기 때문에 더이상 노력을 기울이려고 하지 않았다. 하지만 단순히 진형이의 태도만 탓할 일은 아니다. 진형이가 고정 마인드셋을 가지게 된 계기가 분명히 있기 때문이다.

진형이 어머니는 항상 진형이에게 "넌 똑똑해, 머리가 좋아"라는 칭찬을 해왔다. 저학년 때에는 진형이 역시 그런 칭찬이 참 좋았다. 조금만 공부해도 척척 100점을 받으면서 스스로도 뿌듯한 마음을 가졌다. 하지만 학년이 점점 올라가면서 풀기 어려운 문제들이 생겨났다. 그러자 진형이의 생각도 조금씩 달라졌다.

'왜 계속 틀리지? 내가 머리가 안 좋은가?'

좌절감은 수치심으로, 수치심은 무력감으로 변해갔다. 결국 이제는 더 이상 내 힘으로는 해결할 수 없다는 생각으로 먼저 자기효능감마저 떨어지고 말았다. 반복되는 좌절을 경험하는 진형이에게 "넌 똑똑하니까 잘할 거야"라는 칭찬은 사실 도움이 되지 않는다. 오히려 기대에 어긋나지 않고 싶은 마음에 스트레스를 받을 확률이 더 높다. 이럴 때에는 진형이의 현재 학습 상황을 확인한 뒤 아이가 할 수 있는 부분부터 점차 목표를 높여나가 성공 경험을 하게 도와주는 것이 중요하다. 또한 노력하는 모습을 구체적으로 칭찬하여 아이가 뿌듯함을 느끼고 노력에 재미를 붙이게 해야 한다.

자기효능감에 도움이 되는 칭찬 vs. 도움이 되지 않는 칭찬

☺ **"열심히 한 만큼 좋은 결과가 나왔네"**

"TV 보는 시간도 줄여가면서 공부하더니 좋은 결과가 나왔구나, 정말 수고했어" 라는 식으로 아이가 노력한 점을 짚어주자. 결과보다는 과정에 주목해야 한다.

☺ **"~한 점이 특히 대단해"**

"지난번에는 계산 실수를 많이 했는데 이번에는 계산 실수가 확실히 줄어들었네! 잘했어!" 발전한 부분을 구체적으로 칭찬해주면 아이는 스스로 성장하고 있다는 생각에 힘이 난다.

☺ **"어떤 점을 잘한 것 같니?"**

칭찬을 많이 한다고 무조건 좋은 것은 아니다. 칭찬을 자주 듣게 되면 모든 일을 엄마 아빠의 판단에 의존할 수도 있기 때문이다. 때로는 아이에게 칭찬 대신 질문을 해보자. "어떤 점이 가장 기뻤어?"라는 질문은 아이가 스스로 만족감을 느끼고 표현할 수 있도록 돕는다.

☹ **"100점 맞았네? 정말 잘했어!"**

점수를 지나치게 강조하면, 아이는 100점을 받지 못했을 경우 잘하지 못했다는 생각에 불안감이 높아질 수 있다.

☹ **"넌 엄마 딸이니까 똑똑해", "넌 똑똑하니까 분명히 합격할 거야"**

지나친 기대나 재능을 강조한 칭찬은 아이에게 부담감을 줄 수 있다.

☹ **"잘했네"**

나쁜 칭찬은 아니다. 하지만 뭉뚱그려서 이야기하기보다는 이왕이면 아이가 성장한 부분을 구체적으로 피드백해주자.

'실패에 대한 재해석'이
필요하다

아이에게 성공 경험을 안겨주는 것도 중요하지만, 실패를 받아들이는 태도 역시 반드시 알려줘야 한다. 지금의 실패가 전부가 아니라는 말, 그리고 지금도 얼마나 발전하고 있는지를 발견해주는 말, 아이가 기울이는 노력에 대해 인정하는 말이 필요하다. 이런 과정을 통해 아이에게 '실패의 재해석'이 일어나야 한다.

살아가면서 항상 성공만 할 수는 없다. 그렇다면 실패와 좌절에 어떤 태도를 보이느냐가 그다음의 모습을 결정하게 된다. 시험에서 계산 실수를 많이 했다면 앞으로는 실수를 줄여야겠다고 다짐하면 된다. 시험 결과는 '보완하고 배워야 할 것'을 알려주는 도구일 뿐, 그 이상의 의미를 갖지 않는다는 사실을 일깨워주자.

"이런 걸 일일이 다 말해줘야 하나요?"라고 묻는다면, 그렇다. 그것도 아주 많이 반복해서 말해주며 흔들리는 아이에게 믿음을 실어줘야 한다. 우리가 다 아는 '뻔한 말'을 반복해서 해줘야 비로소 그 말이 아이의 마음속에 뿌리내릴 수 있다. 아이가 자신의 잠재력을 수많은 실패를 통해 마음껏 발휘하게 해주자. 아이가 좌절에 빠져 허우적댄다면 다음과 같은 태도를 취해야 한다.

아이의 실패에 초점을 맞추지 말자

기대에 못 미치는 결과에 가장 힘든 사람은 아이다. "그렇게 놀더니 결국" 같은 말은 아이에게 부정적인 감정만 유발할 뿐이다.

성장한 점을 발견하게 해주자

결과가 기대만큼 나오지는 않았지만 아이가 단 한 가지도 배우지 못한 것은 아니다. 성적이 나쁘더라도 스스로 잘했다고 생각하는 점, 자신이 노력했던 점, 이번 경험을 통해 알게 된 점에 대해 말해볼 수 있도록 도와주자. "영어 듣기를 매번 틀렸는데, 그래도 이번에 듣기는 많이 맞았어요"라며 본인이 성장한 점에 대해 발견한 아이는 노력을 멈추지 않는다.

이후의 계획을 같이 고민해주자

"혹시 엄마가 도와줄 부분이 있니?", "그러면 앞으로 어떻게 하면 좋을까?"라는 말로 아이가 이후의 계획을 세워볼 수 있도록 도와주자. 한 번의 시험 성적이 아이의 인생을 좌우하지 않는다. 대신 아이가 이번 기회에 갖게 된 태도는 인생에 큰 영향을 미치게 된다.

'내가 성장하고 있구나!'라고 깨닫는 순간

캐나다에서 인턴 교사로 있을 때 기초학습부진 학생들을 맡아 1대 1로 수업을 한 적이 있다. 그때 만난 학생이 바로 에밀리였다. 에밀리는 학습장애를 가지고 있었고, 선천적인 구강구조 문제로 발음에도 어려움을 겪고 있었다. 1학년이었지만 알파벳도 제대로 익히지 못해 매일 30분씩 나와 알파벳을 하나씩 공부했다. 당시 나는 게임과 음악을 활용하며 의지를 불태웠지만 에밀리는 노는 것이 좋았을 뿐, 뒤돌아서면 금방 배운 것도 까먹기 일쑤였다. 그러던 어느 날, 내가 묘안을 생각해냈다.

"에밀리, 오늘 우리 역할놀이를 해볼까? 에밀리가 선생님을 하고 내가 학생을 하는 거야, 어때?"

항상 칠판에서 수업을 하는 선생님의 모습이 멋져 보였는데 자신이 그 역할을 할 수 있다니, 에밀리의 눈이 반짝였다. 나는 이런 말을 덧붙였다.

"대신 에밀리, 선생님이 되려면 그만큼 책임감을 가져야 해. 스스로 공부해서 나를 가르쳐야 한다고!"

그날 이후 나는 학생이 되었고 에밀리는 선생님이 되었다.

"에밀리 선생님, 재미있다(fun)는 f-a-n 맞죠?"

나는 질문을 많이 하는 학생이 되어 에밀리를 곤란에 빠뜨렸다. 에밀리는 한숨을 쉬며 고개를 저었다.

"미스 한(Miss. Han), 아니죠. fan은 선풍기라는 뜻이에요. 재미있다는 f-u-n이죠. u랑 a랑 발음이 다르다는 걸 기억해야 해요!"

에밀리는 점점 공부에 재미를 붙여갔다. 그렇게 6개월이 지났다. 내가 마지막으로 근무하는 날, 에밀리가 상기된 표정으로 소리를 지르며 달려왔다.

"미스 한! 이것 봐요! 저 영어 단어 시험에서 80점 맞았어요!"

매번 0점을 맞거나 겨우 한 개를 맞히던 에밀리에게는 놀라운 성과였다.

"에밀리가 이렇게 발전할 줄은 몰랐어요. 이건 정말 기적이에요. 고

마워요, 선생님."

에밀리의 담임선생님 역시 진심으로 기뻐했다.

학생 역할만 하던 아이가 누군가를 가르치는 경험을 하면 학습에 대한 시야가 달라진다. 무조건 외우기만 했던 아이가 다른 사람에게 설명하고 질문에 대답하면서 자신이 이해한 내용을 확인할 수 있다. 누군가를 가르친다는 생각에 뿌듯함도 느낀다. 아이가 배움을 바탕으로 마음껏 대화하고 가르칠 수 있게 해보자. 아이가 공부를 즐기게 하는 팁을 정리해보면 다음과 같다.

역할놀이를 할 때에는 아이의 역할을 존중해주자

아이에게 선생님 역할을 맡긴 다음 시험하는 식으로 질문하고 충고한다면 그것은 더 이상 놀이가 아니다. 선생님인 아이를 존중하고 자신이 알고 있는 지식을 제대로 표현할 수 있도록 격려해주자.

아이가 좋아하는 방법을 사용해보자

반드시 역할놀이를 하지 않더라도 아이가 좋아하는 전략으로 배움을 즐길 수 있도록 도와주자. 연습장에 필기를 하는 아이, 그림으로 도식화하는 아이, 이해한 내용을 말로 설명하는 아이 등 자신만의 전략을 가지고 있는 아이는 공부를 훨씬 더 효과적으로 할 수 있다.

믿음을 보여주자

"I can do it!" 에밀리와 수업을 시작하기 전에 항상 외쳤던 문장이다. 아이가 스스로 할 수 있다는 믿음을 담은 격려를 해주자. 그런 과정에서 자기 자신을 믿게 되면 실로 놀라운 일이 벌어진다.

아이의 감정과 태도는
부모를 닮는다

엄마 아빠에게 묻고 싶다. 본인이 배움을 통해 성장하고 있다고 믿는가? 그래서 다양한 배움을 즐기는 모습을 아이에게 보여주고 있는가? 아이들을 만나다 보면 행동은 물론이고 언어습관과 생활태도까지 엄마 아빠의 영향을 많이 받는 모습을 발견한다.

앞서 언급한 심리학자 반두라는 관찰을 통해서도 아이들이 충분히 학습할 수 있다는 사실을 실험으로 증명했다. 그는 3~6세의 미취학 아동들을 모아 실험을 시작했다. 아이들은 한 명씩 실험실 안으로 들어가 어른이 보보인형(아래에 무게추가 달린 풍선 인형)을 세워놓고 10분 동안 신나게 뿅망치로 두들기며 노는 모습을 관찰했다. 그 후 아이들은 다른 장소로 이동했다. 거기에는 여러 장난감이 있었고 방금 전에 아이들이 보았던 보보인형과 뿅망치도 있었다. 그러자 아이들은 한 치의 망설임도 없이 신나게 보보인형을 두들겼다. 관찰만 했을 뿐인데도 학습이 일어난 것이다.

아이들이 스펀지처럼 다른 사람의 모습을 흡수하는 이유는 뇌 속에 '거울뉴런'이 존재하기 때문이다. 뇌 신경과학자들은 뇌 영상촬영을 통해 다른 사람의 행동을 관찰만 해도 자신이 직접 그 행동을 할 때와 같은 뇌 부위가 활성화된다는 사실을 확인했다.

아이가 배움을 즐기기 위해서는 부모 역시 일상에서 배움을 중요하게 생각하고 즐겨야 한다.

"지금 나에게 쓸모가 없다고 해서 중요하지 않은 건 아니야. 살아가는 동안 학교에서 배운 내용들이 정말 도움이 많이 된단다."

이런 말을 듣고 자란 아이는 학교 공부가 자신에게 도움이 될 것이라는 믿음을 형성한다. 책을 즐겨 읽고 꾸준히 외국어를 공부하는 엄마 아빠의 모습을 보고 자란 아이는 배움의 중요성을 체득하고 자신도 열심히 노력하게 된다. 아이는 지금도 거울뉴런을 바탕으로 엄마 아빠의 모습을 관찰하면서 삶의 태도를 만들어가고 있을지도 모른다.

부족하면 될 때까지, 모르면 알 때까지!
자율성의 힘

"저한테 이래라저래라 하는 건 딱 질색이에요. 제가 하고 싶은 대로 하게 좀 내버려두면 안 되나요?"

누구나 한 번쯤은 품어봤던 생각일 것이다. 스스로 선택하고 행동하고자 하는 마음, 자율성의 욕구는 모두가 가지고 있으니 말이다. 이러한 욕구를 인정하며 교육과 경영, 스포츠에 이르기까지 가장 폭넓은 지지를 받고 있는 동기 이론이 있다. 바로 '자기결정성 이론'이다. 자기결정성 이론의 창시자 데시(Edward L. Deci)와 라이언(Richard Ryan)은 '인간은 성장과 통합을 향해 능동적으로 자기 자신을 발달시키는 유기체적인 존재'라면서 자율성, 유능성, 관계성이라는 세 가지 욕구를 강조했다.

그중 자율성의 힘은 실로 굉장하다. 스스로 선택하면 누구나 더 열심히 노력하기 마련이다. 직접 선택했기 때문에 실현하고자 하는 의지가 굉장히 높고 어려움이 발생해도 쉽게 무너지지 않는다. 설령 결과가 기대에 미치지 못하더라도 책임감을 갖고 완수하려고 한다.

자율성은 학업 성취도에도 긍정적인 영향을 주는 것으로 보고되고 있다. 한국 중고등학생을 대상으로 실시한 연구에 따르면, 부모가 아이의 자율성을 격려할수록 학업 성취도와 유의미한 상관관계가 나타났다. 또한 부모와 교사가 자율성을 부여할수록 아이들이 자발적으로 공부하는 모습이 발견되었다. 반대로 부모와 교사의 잔소리나 간섭이 지나칠수록 아이들은 칭찬받기 위해, 혹은 혼나지 않기 위해 공부하는 경우가 많았다.

공부 방법에서도 차이가 있었다. 잔소리를 많이 들었던 아이들은 단순 암기를 통해 점수를 높이는 데에만 신경 썼다. 반면 자율성을 격려받았던 아이들은 모르는 부분을 찾아가며 이해될 때까지 공부하는 자기주도적인 학습태도를 보였다. 부족하면 될 때까지, 모르면 알 때까지 하는 태도, 이것이 바로 자율성의 힘이다.

자기주도적인 아이로 키우는
일상 속 자율성 수업

아이의 자율성 욕구는 언제 어떻게 충족되어야 할까? 바로 일상에서 자연스럽게 충족되어야 한다. 생활 속에서 아이가 자율성을 느낄 수 있게 하는 대화 방법을 살펴보자.

☐⋯ 지시하기보다는 의견을 물어보자

아이와 관련해 중요한 결정을 내려야 할 때 아이도 의사결정 과정에 참여시켜야 한다. 일방적으로 내려진 결정을 통보받는 것을 좋아할 사람은 아무도 없다. 설령 이미 결정되었더라도 "너의 생각은 어때?"라고 물어보는 것과 물어보지 않는 것은 아이 입장에서 정말 느낌이 다르다.

내가 중학교에 다닐 때의 일이다. 당시 나는 학원 종합반에 다녔다. 사실 공부를 했다기보다는 친구들과 떡볶이를 먹고 노는 재미로 학원에 갔다. 쉬는 시간에 열심히 놀고 간식을 먹다가 수업이 시작되면 졸기 일쑤였다. 학원이 크게 도움이 되지 않는데도 이를 엄마에게 말하기가 겁이 났다. 그런데 어느 날, 엄마가 학원이 도움되지 않으면 말해도 괜찮다면서 내 생각을 물어봤다. 나는 우물쭈물 사실대로 말했고 아무런 꾸중도 듣지 않고 학원을 그만둘 수 있었다.

이 일이 아직까지 생생하게 기억나는 이유는, 그때를 계기로 내 의견이 존중받는다는 생각을 하게 되었기 때문이다. 무엇인가를 결정할 때 내 생각도 굉장히 중요하게 받아들여진다는 사실을 알게 된 후에는, 훨씬 더 신중해졌고 책임감을 가지려고 노력하게 됐다.

아이에게 선택권을 주자. 스스로 선택하고 책임을 지는 과정에서 아이는 한 뼘 더 성장할 수 있다.

☐⋯ '통제' 대신 '권유'하자

"게임 그만해!" vs. "이제 숙제를 해볼까?"

두 가지 말을 들을 때 각각 어떤 감정이 떠오르는가? "안 돼!", "하지 마"와 같이 부정적인 말을 들으면 내용보다는 부정어에 집중하게 된다. 누군가 나를 통제한다는 느낌이 들면서 거부감이 밀려들고 반감도 생긴다.

'내가 로봇도 아닌데 엄마가 하라는 대로 다 해야 해?'

반대로 "~해볼까?"라는 표현은 반드시 따라야 하는 억압적인 느낌을 주지 않는다. 무엇보다 권유형의 문장은 아이에게 생각이나 의견을 표현할 수 있는 기회를 준다. 물론 "이것만 다 보고 할게요"라는 '단골 대답'을 할 수도 있다. 그래도 괜찮다. "그래. 그 대신 숙제는 반드시 해야 한다"라고 이야기해주면 된다. 아이가 계속 게임을 끝내지 않는다면, "게임은 다 끝났니? 숙제하다가 늦게 자면 내일 피곤할까 봐 걱정되는구나"라고 말해보자.

사실 이 상황에서 정말로 하고 싶었던 말은 숙제를 하라는 것이었다. 하지만 "게임 좀 그만해!"라는 말에는 엄마가 전하려던 메시지가 빠져 있다. 아이에게 바라는 것, 원하는 것을 정확히 표현해야 한다. 그리고 그것을 '통제'가 아닌 '권유'의 형태로 드러내야 한다. 그것이 아이의 마음속에 내재된 자율성을 올바르게 사용하는 방법이다.

이 모든 과정에서 아이가 솔직한 의견을 말한 데 고마움을 표현해주자. 생각을 건강한 방식으로 설득력 있게 표현하는 것은 살아가면서 굉장히 필요한 능력이니 말이다. 때로는 아이의 의견대로 이루어지지 않는 상황도 분명히 있다. 이때 바람대로 되지 않더라도 그 결과를 인정하는 책임감을 보인다면 그 모습을 응원하고 칭찬해주자. 소신 있고 책임감 있는 멋진 모습은 바로 이런 경험을 통해 나타난다.

똥고집이냐 자율성이냐, 그것이 문제로다

사실 자율성의 힘에 대해서는 다들 잘 알고 있을 것이다. 문제는 아이에게 어디까지 자율성을 부여할 것인가다. 지금 아이에게 자율성을 줄 상황인지, 아니면 타일러서 올바른 방향으로 이끌 상황인지 판단하기가 쉽지 않다. 예를 들어 아이가 똥고집을 부리는 경우다.

출근길에 학교 정문 앞에 요지부동 서 있는 우빈이를 발견했다. 그 옆에서는 교감선생님과 우빈이 어머니가 아이를 설득하고 있었다. 어머니는 우빈이가 학교 앞까지는 잘 왔는데 갑자기 교문 안으로 들어가지 않겠다고 고집을 부리기 시작했다며 난감해했다.

사실 우빈이는 간밤에 열이 나고 머리도 아파 잠을 제대로 자지 못했다. 그런데 아버지가 학교를 빠지면 안 된다고 혼을 내며 등교를 재촉한 바람에, 아이는 단단히 화가 난 모양이었다.

"에구, 머리가 아팠구나. 우빈아, 많이 아프니?"

상황을 파악한 후 나는 우빈이에게 말을 걸었다.

"이제 열은 안 나는데 지금 학교에 들어가면 계속 앉아서 수업을 들어야 하잖아요! 어제 잠도 못 잤단 말이에요!"

"그렇구나, 정말 학교에 오기 싫었겠네. 그런데 여기까지는 어떻게 왔어? 나라면 학교 오는 것도 싫고 집에서 쉬고 싶었을 것 같은데."

"그래도 학교는 와야 하잖아요."

우빈이가 퉁명스럽게 대답했다.

"와, 진짜 그렇게 생각해? 우빈이 대단하다. 그래도 학교에 와야 한다고 생각하고. 그러면 우빈아, 오늘은 점심만 먹고 조퇴하는 걸로 하면 어떨까? 만약 중간에 열이 나거나 아프면 바로 집에 가고. 어머님, 오늘 우빈이 네 시간만 하고 조퇴하는 거죠?"

어머니의 확답을 받고 내가 증인이 된 뒤 우빈이 손을 잡고 교실로 들어갔다. 아이는 학교에 와야 한다는 사실은 알지만 아빠에게 혼이 나서 상한 마음을 알아차려주자, 뿔난 기분이 스르르 사라졌던 모양이다. 무엇보다 아픈데도 학교에 온 것은 아빠의 강요 때문이었지만, 수업을 듣고 점심에 조퇴하기로 한 것은 자신의 선택이었기에 만족했던 듯하다.

아이가 고집을 부리며 말을 듣지 않을 때는, 그 가운데 존중해줄 수 있는 자율성의 욕구가 있는지 찾아보거나 스스로 선택할 수 있는 조건을 만들어줄 필요가 있다. 그런데 만약 아이가 유독 한 가지 일로 말도 안 되는 억지를 부린다면, 어떻게 해야 할까?

'반항심의 첫 단추'를 찾는 마법의 질문

"선생님, 하빈이가 이상해요. 자기가 잘못한 걸 가지고 계속 저보고 동생이랑 차별한다고 하네요."

하빈이 어머니가 잔뜩 속이 상한 목소리로 전화를 걸어왔다. 하빈이가 잘못한 행동을 알려주는데, 아이가 대뜸 "엄마는 하연이만 좋아하잖아!"라고 말하며 반항적인 태도를 보였다는 것이다. 말도 안 되는 하빈이의 억지에 어머니는 두 손 두 발 다 든 듯했다.

"하빈이가 잘못했다는 말을 하기 싫어서 괜히 그러는 것 같아요. 이럴 때 기를 죽여야 하는 거 아닐까요?"

어른들이 보기에는 '별 이유도 없이' 반항적인 태도를 보이는 아이들이 있다. 더 강하게 '기를 죽여야 하는 건지' 아니면 '어느 정도 인정해야 할지', '그러다가 기어오르는 것은 아닌지' 걱정이 된다.

아이가 유독 비슷한 말을 반복하거나 유사한 상황에서 반항심을 보인다면 먼저 할 일이 있다. 바로 '반항심의 첫 단추'를 찾는 것이다. 이러한 태도를 보이는 아이들과 대화를 나누다 보면 그럴만한 계기가 분명히 존재했다. 과거 어떤 사건이나 대상과의 관계에서 얻은 상처가 뿌리 깊게 남아 지금까지도 영향을 미치는 것이다. 이를 심리학에서는 '미해결 과제'라고 한다. 과거 어느 순간에 해결되었어야 할 욕구나 감정이 적절히 해소되지 않아 지금까지 방해가 되고 있는 상황이다. 마치 점심에 체하는 바람에 저녁도 잘 먹지 못하고 계속 소화가 안 되는 상황이라고 볼 수 있다.

미해결 과제를 가지고 있는 아이는 '거봐, 또 나한테만 그래' 혹은 '나만 미워해'라는 생각을 품기 쉽다. 과거의 상처가 아직 아물지 않아 부정적인 사고회로로 뿌리 깊게 자리 잡았기 때문이다. 이미 아이의 머릿속에 '엄마 아빠는 나만 미워해, 나만 차별해'라는 생각이 있기 때문에, 어떤 사건이 일어나면 부정적인 사고회로대로 생각해버리게 된다. 이럴 땐 대체 어떻게 해야 할까? 아이의 속마음을 알게 되면 켜켜이 쌓아놨던 짐들을 제대로 정리할 수 있는 실마리를 얻게 된다. 아이의 속마음을 발견하기 위해 사용할 수 있는 마법의 질문을 살펴보자.

> ① "네가 아무 이유 없이 그러지는 않았을 거야. 그지?"
> ② "엄마는 네 속마음이 궁금해. 들려줄 수 있니?"
> ③ "엄마한테 ～라고 말할 때 어떤 생각이 들었어? 혹시 엄마한테 서운한 것이 있니?"

이러한 과정을 통해 반항심의 첫 단추를 찾아보았다면 이제는 그 마음을 어루만져주는 작업이 필요하다. 아이가 오해하고 있다면 그러한 오해를 불러일으키는 부정적인 사고회로에 변화를 줄 수 있도록 노력하면 된다.

하빈이는 엄마 아빠에게 "언니가 동생을 괴롭히면 어떡해"라는 말을 듣는 것에 너무나도 서운한 마음을 가지고 있었다. 이러한 마음을 알게 된 후 하빈이 어머니에게 자매가 싸웠을 때 '언니'나 '동생'이라는 호칭을 빼고 이름을 불러서 이야기해보기를 권했다. 하빈이에게는 '언니'라는 호칭이 부정적인 사고회로를 누르는 스위치였기 때문이다.

신기하게도 이름을 부르며 대화를 나누자 아이의 태도가 조금씩 달라졌다. 단지 '언니', '동생'이라는 단어를 듣지 않았을 뿐인데, 하빈이는 엄마가 자기와 동생을 공평하게 대한다는 생각이 들었다고 말했다. 하빈이 어머니 역시 '언니니까, 동생이니까'라는 말을 하지 않다 보니 사건과 행동에만 집중해서 타이를 수 있었다고 했다. 이는 하빈 이의 이야기를 들으며 반항심을 누르는 단추를 찾았기 때문에 가능한 변화였다.

부모가 아이에게 지면 안 된다는 말

착했던 내 아이가 갑자기 돌변하는 순간은 하빈이 어머니만 경험 하는 것이 아니다. 어릴 때는 분명 말도 잘 들었던 아이가 어느 순간 부터 갑자기 자기주장이 강해지고 고집을 부린다. 반항하는 듯한 모 습에 부모도 두려움이 생긴다.

'아이가 이제 나한테 기어오르는 것이 아닐까? 그러다 부모로서 내 권위를 잃어버리는 것은 아닐까?'

물론 아이에게도 분명한 이유가 있다. 미국의 소아정신분석가 에릭 슨은 청소년기가 자아정체성을 성취하는 중요한 시기라고 강조했다. 아이들은 '나는 누구지? 내가 좋아하는 것은 무엇이지?'라며 정체성 에 대해 질문하고 생각하는 시간을 가지면서, 자기 자신에 대해 알아 가고자 하는 마음이 커지게 된다. 그동안은 부모님과 선생님의 조언 에 따라 행동했다면, 이제는 주도적으로 선택하고 성취해내는 과정을 통해 자신의 결정을 주변으로부터 인정받고 싶은 마음도 강해지는 것 이다.

하지만 아이의 속마음을 모르는 부모 입장에서는 이러한 변화가 당황스럽기만 하다. 그래서 힘으로 아이의 기를 꺾어서라도 어른으로서의 권위를 지키고자 한다. 하지만 수직적인 관계가 권위를 세우는 것은 아니다. 수직적이고 일방적인 관계는 강자가 약자를 억압하고 통제하며 굴복하게 만드는 힘의 논리가 적용된 관계일 뿐이다.

자신의 의견이 잘 받아들여지지 않는 경험이 누적되면, 아이는 부모에게 인정받지 못한다는 생각에 크나큰 좌절감을 느낀다. 나 자신이 온전히 부정당한다고 여겨지면서 정체성의 혼란을 겪는 것이다.

"그렇다고 아이가 하고 싶은 걸 다 하게 해주면 너무 엇나가거나 반항하지 않을까요?"

이런 걱정을 하는 분들이 많다. 맞는 이야기다. 아이가 모든 것을 하고 싶은 대로만 하게 해서는 안 된다. 자기 생각만 강하게 이야기하면서 다른 사람의 마음을 살피지 않는 태도는, 자칫하면 이기적인 성향으로 발전할 수 있기 때문이다. 그렇기 때문에 아이의 고집과 떼쓰기가 강해진다고 해서 부모가 져서는 안 된다.

"선생님, 아까와는 말이 다르잖아요! 아이의 자율성을 강조하신 것 아니었나요?"

이렇게 반문하는 분이 있을지도 모르겠다. 그 말도 맞다. 아이의 자율성 욕구를 인정하는 태도는 중요하다. 하지만 그렇다고 해서 아이가 하고 싶은 모든 것을 하게 하고 뒷짐을 지고 있자는 말은 아니다. 평소에 자율성을 인정하는 것과 고집을 부리고 떼를 쓸 때의 대처는 분명 다르다. 부모가 아이에게 지면 안 된다는 말은, 아이를 힘으로

누르거나 소리를 지르는 방식으로 통제해야 한다는 의미가 아니다. 고집에도 흔들리지 않는 일관된 태도가 중요하다는 이야기다.

📭 고집에는 물러서지 않되, 아이의 마음은 인정해주자

아이의 주장을 있는 그대로 받아줄 수는 없지만 충분히 속상하고 힘들 수 있는 그 마음은 알아주어야 한다. '단호함'과 '냉정함'은 다르다는 사실을 기억하자.

📭 어떤 이유로 아이의 주장을 들어줄 수 없는지 설명해줘야 한다

아무 이유도 말해주지 않으면서 단호하게 "안 돼!"라고만 하면 아이 입장에서는 답답하고 억울할 수 있다. 왜 그러는지 설명이 빠져 있기 때문에 이해가 되지 않는 것이다. 어떤 이유로 아이의 말을 들어줄 수 없는지 충분히 설명하면서 대화를 나눠봐야 한다.

대화를 통해 조율할 수 있는 부분이 있다면 그때는 어느 정도 융통성을 발휘하는 것도 좋다. 아이의 말을 들어보면서 동의할 수 있는 부분은 인정해주고 조율해주면, 아이는 대화를 통해서도 충분히 융통성이 발휘될 수 있다는 사실을 배운다. 수평적인 대화는 아이의 저항감을 줄어들게 한다.

자율성을 존중해야 하는 것은 맞지만 아이는 선택에 대한 책임감을 배워야 하고, 때로는 욕구를 참으면서 조절할 수 있는 능력을 기르는 것도 필요하다.

‘내가 이것을 왜 하고 싶지?’

‘내 생각이 옳은 것일까?’

‘내가 해야 하는 것은 무엇이지?’

자신의 마음을 스스로 살피고 점검하며 행동에 책임을 질 때, 책임감이 뒷받침된 자율성이 자라난다.

아이의 자율성을 존중하는 엄마의 표현

STEP 1 **아이의 선택을** 존중하자

"엄마, 저 오늘 무슨 옷 입어요?"

"영진이가 입고 싶은 옷으로 한번 골라봐. 만약 어려우면 일단 여러 개를 골라 놓고 엄마랑 이야기해보자."

STEP 2 **해야 하는 일은** 스스로 결정하게 해주자

"엄마, 저 오늘 게임 먼저 하면 안 돼요?"

"게임을 먼저 하고 싶구나. 그러면 숙제는 언제 하는 게 좋을까? 네가 정해보렴."

STEP 3 **아이의 욕구를 인정하며** 긍정적인 기대를 심어주자

"엄마, 미술 숙제요, 제 마음대로 그림 그려도 돼요?"

"그럼, 네 생각대로 멋지게 해보렴. 어떤 그림이 완성될지 궁금하다!"

STEP 4 **생각을** 긍정적으로 발전시킬 수 있도록 도와주자

"엄마, 저 유튜브 찍어보면 어떨까요?"

"우와, 재미있는 생각이다. 찍고 싶은 거 있니?"

사회성은 성격이 아니라
배움의 영역이다

새 학년 새 학기가 되면 부모는 궁금한 것도 많아지고 걱정도 많아진다. 특히 학기 초에는 아이가 어떤 친구를 사귀었는지가 최대 관심사다. 엄마 아빠가 아이의 학업 성적만큼이나 신경 쓰는 것이 바로 사회성이다. 아무리 혼자 노는 걸 좋아하는 '혼족'이 유행하는 시대이지만, 우리 아이만큼은 친구들과 함께하는 즐거움을 알고 더불어 성장하기를 바라는 것은 모든 부모가 다르지 않다.

그런데 이러한 사회성을 '성격'의 문제로만 치부하는 경우가 대다수다. 친구가 많은 건 성격이 좋아서이고, 친구를 잘 사귀지 못하는 이유는 성격이 이상하기 때문이라고 쉽게 생각해버리는 것이다. 물론 성격이 사회성에 영향을 미칠 수는 있겠지만 사회성은 성격만으로 정해지지 않는다. 또한 사회성은 그저 다른 친구와 어울린다고 해서 저절로 길러지는 성향도 아니다. 사회성은 새로운 사람들과 함께 이야기를 나누며 관계를 맺고, 발전시키고, 갈등이 생기면 올바로 해결하는 과정처럼 배움을 통해 발달시켜야 하는 영역이다.

'인기 짱'의 비밀, 자아중심성 vs. 조망수용 능력

친구들에게 인기를 끄는 비결이 궁금하다며 나를 찾아오는 아이들이 있다. 성훈이도 그중 한 명이었다. 성훈이는 학교 스타가 되고 싶다고 했다. 그래서 인기를 얻기 위해 이런저런 노력을 하는데 이상하게 그 방법이 하나같이 통하지 않는다며 속상해했다.

"저는 수업시간에 웃긴 말들이 많이 생각나거든요. 아이디어 같은 것 있잖아요. 그래서 그런 걸 말하면 처음에는 친구들이 웃었어요. 그런데 이제는 짜증을 내요…… 그런 말 좀 하지 말라고. 제가 생각할 땐 재미있으니까, 친구들도 좋아할 줄 알았어요. 다 같이 웃으면 기분이 좋잖아요."

성훈이 말만 들으면 아이가 잘못한 것 같지는 않다. 수업시간에 흐름에 맞는 말을 하면서 분위기도 띄웠다면, 아이들은 물론이고 선생님도 당연히 성훈이를 좋아했을 것이다. 하지만 성훈이의 언행이 다른 친구들에게 재미있지도 않고 수업을 방해하기만 했다면 이야기가 달라진다. 친구들이 성훈이를 답답해하는 이유가 바로 여기에 있었다. 성훈이의 언행은 성훈이만 재미있어했기 때문이다.

'내가 좋아하니 친구들도 좋아하겠지'라며 모든 것을 자신의 관점에서 생각하는 성향을 '자아중심성'이라고 한다. 물론 자아중심성이 나쁜 것은 아니다. 발달 과정에서 충분히 보일 수 있는 특징이기 때문이다. 문제는 자아중심성만 강조되었을 때 벌어진다.

아이는 자신과 성격도 취향도 다른 친구들을 만나면서 사람마다 생각이 제각각이라는 사실을 경험한다. 이러한 과정에서 발달하는 것이 바로 '조망수용 능력'이다. 쉽게 말해 친구의 입장에서 생각이나 감정을 이해할 수 있는 '역지사지'와도 같은 능력이다.

효과적으로 관계를 맺기 위해서는 '다들 나처럼 생각하겠지'라는 자아중심성은 줄이면서, 친구와 내가 생각이 다를 수 있음을 이해하는 조망수용 능력을 길러야 한다. 서로 다르다는 사실을 알고 상대의 생각과 감정을 추론하는 능력, 이것이 사회성의 기초 토대를 쌓는다.

"선생님, 제가 이런 것도 일일이 가르쳐줘야 하나요?"라며 성훈이 어머니가 하소연을 했다. 친구들이랑 놀다 보면 저절로 알게 되는 것들인데, 성훈이는 어쩜 그리 모를 수 있는지 답답하다고 했다. 결론을 이야기하자면, '아이가 잘 모른다면, 그런 것도 알려줘야 한다'. 아이가 다른 발달상의 어려움을 같이 겪는다면 전문가의 도움을 받아야 할 수도 있다. 하지만 대부분은 사회성을 배울 기회와 경험이 많지 않았기 때문에 어떻게 친구를 대하고 관계를 쌓아야 할지 모를 가능성이 높다. 물론 그렇다고 해서 친구와 어울리는 법을 알려주며 무작정 공식처럼 외우라고 할 수도 없는 노릇이다. 말과 행동에 정해진 답이란 없으니 말이다. 그렇다면 어떻게 해야 할까? 몇 가지 방법을 살펴보자.

아이의 진심을 발견하며 사회성을 쌓아주는 엄마의 대화법

STEP 1 "왜 그랬어?"라는 말보다는 "어떤 마음에서 그랬을까?"
'왜'라는 단어는 자칫 아이를 공격하는 위협적인 단어로 들릴 수 있다. '왜'보다는 '어떤', '무엇', '궁금하다'라는 말을 사용하자.

STEP 2 아이의 마음을 알아봐주는 "그런 마음에서 그랬구나"
아이의 마음을 알아봐주면 두 가지 효과가 나타난다. 우선, 아이가 자신의 진짜 속마음을 돌아볼 수 있다. 교실에서 웃긴 말을 했던 것은 사실 친구들과 재미있게 놀고 싶은 마음 때문이었다는 사실을 알게 된다. 둘째, 누군가 진심을 알아주었다는 사실에 아이는 마음이 열리고 힘이 난다.

STEP 3 아이의 사고력을 높이는 "어떻게 하면 좋을까?"
아이에게 일방적으로 방법을 제시하지 말자. 아이가 자신의 마음을 알았다면 그다음에는 어떻게 할지 스스로 생각하게 하는 것이 중요하다.

STEP 4 아이가 잘한 행동은 구체적으로 피드백해주자
"오늘 모둠활동 시간에 상현이가 조장 하면서 친구들도 도와줬다며? 우리 상현이 멋지네."
"엄마가 안 그래도 짐이 많아서 어떻게 들고 갈까 고민하고 있었는데 먼저 도와줘서 고마워."
이처럼 구체적이고 긍정적인 피드백을 통해 아이는 '이럴 때는 이렇게 해야 하는구나'를 자연스럽게 배운다. 뿌듯한 행동을 돌아보며 아이는 한 뼘 더 성장한다.

책으로 쑥쑥 키우는
우리 아이 사회성

미국 뉴욕대학교 의과대학 소아청소년과 부교수인 앨런 멘델슨 (Alan Mendelsohn)은 책을 읽어주며 함께 노는 경험이 아이의 두뇌발달은 물론이고, 사회성의 기초 토대를 쌓는 데도 큰 도움이 된다고 말한다. 그의 연구팀은 3년 동안 부모가 아이에게 책을 읽어주는 모습을 비디오로 촬영했다. 결과는 어땠을까? 546개의 가정을 대상으로 비교실험을 진행한 결과, 부모가 아이에게 효과적으로 책을 읽어줄 때 아이의 독해 능력은 물론이고 인지 능력과 집중력 같은 사회기술도 전반적으로 향상된다는 사실이 밝혀졌다.

과연 책읽기의 어떤 부분이 효과적이었던 것일까? 책에는 다양한 성격을 가진 등장인물들이 각양각색의 사건과 맞닥뜨리며, 이를 해결하는 과정이 그려진다. 그렇기에 아이는 책을 읽으면서 다양한 문제해결 기술을 배우는 것은 물론, '이 사람은 이런 마음일 것 같아'라며 등장인물들의 생각이나 감정을 추론하기도 하고, '나라면 이렇게 할 텐데'라며 각각의 상황에 자신을 대입하기도 한다.

글밥이 많은 책뿐 아니라 그림책도 도움이 된다. 그림책에는 글자가 적은 대신 표정, 행동 등 생동감 넘치는 비언어적인 신호들이 많다. 줄거리와 등장인물의 생각이나 감정을 추론할 수 있는 단서들을 통해 다양한 사회적 신호들을 배울 수 있다.

사실 독서의 중요성은 모두 잘 알고 있을 터. 중요한 것은 '어떻게' 읽느냐다. 부모가 책을 읽어줄 때 아이와 올바로 상호작용할 수 있는 방법을 알려주는 프로그램을 진행한 멘델슨 박사는 "함께 책을 읽으며 부모는 아이에게 이러한 상황에서 어떻게 대처해야 하는지, 그러한 감정들이 무엇을 의미하는지 생각할 기회를 주어야 한다"고 설명한다.

아이가 책을 읽으며 단순히 줄거리를 파악하는 수준에서 그치지 않고, '이럴 때는 어떻게 해야 하지?', '이 사람은 왜 이렇게 하는 걸까?'라고 생각할 수 있도록 이끄는 교육이 필수적이라는 이야기다. 더불어 대화를 통해 이러한 생각을 확장하는 경험도 중요하다. 사회성을 키워주는 독서활동 방법을 몇 가지 소개한다.

상상력이 보글보글! 줄거리 토크

책을 읽고 난 후 줄거리가 마음에 드는지, 마음에 들지 않으면 어떻게 바꾸고 싶은지, 그 이유는 무엇인지 이야기를 나눠본다. '줄거리가 마음에 드는지'를 물어보며 아이가 상황을 얼마나 파악했는지 간접적으로 알 수 있다. 또 줄거리를 바꾸는 과정에는 아이의 소망이나 바람이 투영될 수 있으며, 스스로 줄거리를 꾸며보는 작업을 통해 상상력이 발달할 수 있다.

공감력이 퐁퐁! 등장인물 토크

등장인물 중 마음에 드는 사람, 마음에 들지 않는 사람을 정해보고 이유를 말해본다. 이때 아이의 가치관이나 생각이 자연스럽게 반영될 수 있다. "콩이는 어떤 마음이었을까? 어떤 점에서 그렇게 생각했어?"처럼 등장인물의 감정을 추론하는 질문을 해볼 필요도 있다. 등장인물의 입장에서 생각해보는 과정을 통해 조망수용 능력이 자연스럽게 발전한다.

두 가지 독서활동을 진행하면서 주의할 점은 아이의 생각을 판단하려 하거나 한 가지 답을 유도해서는 안 된다는 것이다. 아이가 다양한 입장에서 생각할 수 있도록 도움을 주는 역할만 수행하자. 마치 시험 문제를 푸는 것처럼 아이 혼자 이야기하게 하지 말고 함께 대화하는 시간으로 활용해야 한다.

친구 사귀기를 어려워하는
아이를 위한 관계의 기술

사회성의 기초를 쌓는 것이 친구를 사귀기 위한 첫걸음이라면, 다음은 실질적으로 관계를 맺을 차례다. 하지만 어느 정도 사회성을 길렀다고 해도 막상 실전에 나서면 상황이 다를 수 있다.

"선생님, 친구를 사귀고 싶은데 어떻게 사귀어야 할지 모르겠어요."

지은이는 새 학기만 되면 마음이 초조하다. 새로운 환경에서 새 선생님을 만나는 일도 걱정이지만, 무엇보다 처음 만나는 친구들과 어떻게 1년을 보내야 할지 막막하기 때문이다. 낯을 많이 가리는 지은이에게 친구가 한 명도 없는 것은 아니다. 작년에는 지은이에게 '다행히' 먼저 말을 걸어주는 친구가 있어서 친하게 지냈다. 하지만 올해는 어떤 친구가 먼저 자신에게 다가와줄지, 아무도 없는 건 아닐지 아이의 걱정은 늘어만 간다.

학교에서 또래와 많은 시간을 보내는 아이들은 대부분 친구와 잘 지내고 싶다는 욕구를 가지고 있다. 같은 반에서 마음이 맞는 친구를 사귀면 1년이 즐겁다. 그래서 학기 초부터 나와 잘 맞는 친구는 누구인지 탐색전에 돌입한다. 하지만 마음이 통하는 친구가 하늘에서 뚝 떨어지는 법은 없다. 아무리 센스가 넘치고 배려심이 많은 아이라고 하더라도 친구에게 다가가기를 어려워한다면, 친구 사귀기가 하늘의 별 따기만큼 어려운 숙제다.

"애 아빠도 그렇게 소심하지 않고 지은이도 유치원 때는 꽤 활발했는데, 지금은 왜 그러는지 모르겠어요."

매사에 적극적이고 활동적인 엄마에게는 항상 쭈뼛쭈뼛하고 먼저 다가가지 못하는 지은이가 답답할 뿐이다.

나를 만난 지은이는 고개를 푹 숙였다.

"저도 친구들이랑 잘 지내고 싶은데요, 겁이 나요."

사실 지은이에게도 말 못 할 속사정이 있었다. 그 사건은 바로 재작년, 음악시간에 일어났다. 조별로 리코더 합주를 하다가 지은이가 삑 소리를 내며 음을 틀렸다. 그러자 몇몇 친구들은 웃고, 몇몇 친구들은 속삭였다. 그중에는 지은이의 친구 보연이도 있었다.

'보연이는 내 편일 줄 알았는데……'

제대로 사실 확인도 하지 않은 채 지은이는 보연이에게 크게 실망했다. 원래도 낮을 가리긴 했지만 보연이에게 실망한 뒤로는 더욱더 친구에게 다가가는 일이 힘들어졌다.

아이의 행동에는 반드시 이유가 있기 마련이다. 친구들에게 잘 다가가지 못하는 경우도 마찬가지다. 지은이의 사례처럼 과거의 경험으로 인해 친구에 대한 두려움이 자리 잡았거나, 혹은 내향적이라 새로운 친구들에게 마음을 여는 일이 어려울 수도 있다. 또는 친구들과 어울리고 싶어도 다가가는 관계 기술이 아직 부족하기 때문에 망설이는 상황일 수도 있다.

아이가 수학 문제를 틀리면 원리를 이해하지 못했는지, 계산 실수를 했는지, 아니면 다 아는데도 긴장을 너무 많이 했는지 이유를 알아본다. 이유를 제대로 파악해야만 도울 수 있기 때문이다. 아이의 행동도 마찬가지다. 단순히 친구에게 잘 다가가지 못하는 것만 탓해서는 안 된다. 어떤 부분을 어려워하는지, 혹시 그렇게 만든 이유는 없는지 반드시 아이와 대화를 나눠보아야 한다.

아이는 어려움을 이야기하고 싶어도 엄마 아빠에게 핀잔을 들을까봐, 혹은 지나치게 걱정할까봐 털어놓지 못하는 경우가 많다. 아이가 편하게 이야기할 수 있는 분위기를 조성해주자.

"처음 보는 친구한테 먼저 다가가 말하는 건 쉽지 않은 일이야. 엄마도 그런 적이 있었어."

이렇게 말을 꺼내보는 것도 좋다.

"엄마도 그런 적이 있었어요?"

눈을 동그랗게 뜨며 묻는 아이의 반응은 '아, 나만 그런 것은 아니었구나'라는 안도의 표현이기도 하다. 이렇게 대화를 통해 친구를 사귀는 걸 어려워하는 이유를 알게 되었다면, 그다음에는 구체적인 방법을 알려줄 차례다. 그중 한 가지가 '첫인상 5초의 법칙'이다.

사람들이 처음 만났을 때 5초 정도의 느낌이 첫인상을 결정하고, 이렇게 형성된 첫인상은 약 40번 정도를 만나야 바꿀 수 있다고 한다. 5초 동안 감지한 '느낌'이 상대에 대한 선입관을 형성한다는 것이다. 이것은 당연히 교우관계에도 적용될 수 있다. 친구들과 긍정적인 관계를 잘 맺지 못하는 아이들을 살펴보면 대부분 표정이 굳어 있다.

친구들과 즐겁게 놀고 싶은데 어렵다며 나를 찾아온 소라는 교실에서 잘 웃지 않는 아이였다. 그런데 소라와 같은 반 아이들에게 슬쩍 물어보니 "소라는 저희랑 노는 거 싫어해요!"라고 했다. 참 이상한 일이었다. 소라는 분명 친구들과 어울리고 싶다고 했는데, 정작 같은 반 친구들은 소라가 자신들과 노는 것을 싫어한다고 생각했다. 무슨 연유일까?

아이들은 소라가 매일 뚱한 표정이라 화난 것처럼 보인다고 했다. 사실 소라는 화나지 않았다. 친구들과 놀고 싶은데 쉽게 다가가지 못해 속상한 나머지 표정이 굳었을 뿐이다. 하지만 이것을 알 리 없는 친구들은 화난 얼굴의 소라가 불편하기만 했다. 그래서 자신들이 먼저 다가가 "같이 놀래?"라고 말하는 수고로움을 감수할 필요를 느끼지 못했다.

소라처럼 잘 웃지 않는 아이를 만나면, 표정이 굳은 내 얼굴을 시범 삼아 보여준다. 그러면 아이는 무표정으로 자신을 노려보는 내 모습을 보고 깜짝 놀란다. 항상 웃기만 했던 선생님이 무섭게 자신을 바라보는 모습이 도저히 상상되지 않았던 까닭이다. 그러고 나서 아이와 함께 거울을 보며 미소 짓는 연습을 해보고, 미소 셀카를 찍는 미션을 내준다. 웃는 모습이 얼마나 아름다운지 거울과 사진을 통해서 스스로 알아차리도록 돕기 위해서다. 사람들이 호감을 느끼는 얼굴은 미소를 통해 만들어질 수 있다.

활짝 핀 웃음은 아이들의 삶까지 행복하게 만든다. 미국 웨인주립대학교 어니스트 아벨(Ernest Abel) 교수는 1950년 이전에 데뷔한 메이저리그 야구선수 230명의 사진을 세 그룹으로 분류해 평균 수명을 조사했다. 무표정한 선수들, 입가에 미소만 보였던 선수들, 얼굴 전체 근육을 사용해서 활짝 웃었던 선수들은 각각 평균 72.9세, 75세, 79.9세까지 살았다.

미소는 삶의 질에도 차이를 가져왔다. 버클리대 켈트너(Dacher Keltner) 교수와 하커(LeeAnne Harker) 교수는 졸업앨범 속의 주인공 141명을 30년 동안 추적 조사했다. 그 결과, 사진 속에서 활짝 웃었던 50명은 결혼생활의 만족도가 크고 평균 소득도 높다는 사실을 발견했다.

긍정적 상상의
놀라운 힘

'첫인상 미션'을 마친 후에는 '친구와 공통점 찾기' 미션을 해볼 수 있다. 다가가고 싶은 친구 두 명 정도를 마음속으로 정하고 자신과의 공통점을 찾아보는 활동이다. 누구나 비슷한 점이 많은 사람과는 자연스럽게 친근감이 생긴다. 친해지고 싶은 사람에게 다가가서 자연스레 공통점을 이야기한다면, 관계가 급속도로 발전할 수 있다.

'그 친구가 좋아하는 것은 무엇이지? 동생은 있나? 좋아하는 아이돌은 누구지?'

이런 생각을 해보는 것만으로도 그 친구와의 대화 주제는 점점 더 풍부해진다.

그래도 친구에게 다가가는 일이 어렵고 불안하다는 아이를 위해서는 '이미지 트레이닝'을 시도해볼 수 있다. 친구 사귀기와 이미지 트레이닝이 과연 어떤 연관이 있을까?

친구와 긍정적인 경험이 부족하거나 친구에게 거절당한 경험이 있는 아이들은 걱정이 많다. 친구만 떠올리면 '쟤가 나를 싫어하면 어쩌지? 그러다가 또 혼자 지내게 되면 어떡하지?'라는 걱정이 꼬리에 꼬리를 문다. 마음의 장벽이 높게 쌓인 탓에 친구의 눈도 제대로 마주치지 못하고, 다가가는 일은 엄두도 내지 못하게 되어버리는 것이다. 이때 필요한 것이 바로 긍정적인 상상이다.

"나는 내가 원하는 완벽한 레이스를 상상한다. 상상 속에서 스타트, 스트로크, 턴, 피니시의 모든 동작을 선명하고 아주 세밀하게 볼 수 있다. 최악의 상황까지도 머릿속에 그리면서 실제로 일어날 상황에 대비한다."

수영의 황제 마이클 펠프스가 실제로 행한 이미지 트레이닝의 일부다. 이렇게 오감을 총동원한 이미지 트레이닝을 하면, 뇌 속에서 실제와 상상을 구별하지 못해 실제로 훈련한 듯한 긍정적인 효과가 나타난다고 알려져 있다.

미국 클리블랜드병원의 신경과학자 광예(Guang Yue) 박사는 이러한 상상의 힘을 과학적으로 증명했다. '마음을 이용한 근력 키우기'라는 연구에 참여한 참가자들은 팔을 특정 부위에 올려놓은 후 근육을 강하게 수축시키는 상상을 했다. 4개월 동안 매일 15분을 투자해서 10초씩 총 50회의 상상훈련을 한 것이다. 과연 결과는 어땠을까? 놀랍게도 남녀노소 관계없이 모두 근육이 15퍼센트 정도 강화되었다. 근육을 운동이 아닌 생각만으로도 강화시키는 일이 가능하다는 실험 결과는, 상상의 힘이 얼마나 강력한지 알려주는 좋은 예시다.

다시 아이들의 이야기로 돌아가보자. 아이들은 "친구를 많이 사귀었으면 좋겠어요"라는 말을 자주 하지만 그 일이 마음처럼 쉽지만은 않다. 아이의 입장에서도 노력하기 싫은 것은 아니다. 마음은 굴뚝같지만 걱정이 먼저 떠오르다 보니, 친구에게 다가가려고 하면 몸이 얼어붙는 것이다. 그래서 이미지 트레이닝이 필요하다. 예를 들어 같은 드라마를 좋아하는 반 친구가 있으면 그 친구와 대화하는 모습을 상상해보는 것이다.

"안녕"이라고 말하는 나의 모습, 나를 보며 "안녕"이라고 대답하는 친구의 모습. "'어제 드라마 봤어? 마지막 부분 정말 재미있지 않았어? 빨리 다음 편도 보고 싶어'라고 말을 꺼내봐야지. 그러면 친구는 뭐라고 대답할까? 아마 친구도 재미있었다고 하겠지? 그러면 드라마 주인공 중에 누가 제일 마음에 드는지 물어봐야지. 나는 성격은 여자

주인공이 제일 좋던데, 친구는 누구를 제일 좋아할까?"

이렇게 친구와 대화를 나누는 모습을 상상하는 것만으로도 마음의 장벽이 낮아진다. 직접 대화를 나누지는 않았지만 왠지 대화를 잘 나눌 수 있을 것 같다는 생각에 마음이 편안해진다. 자연스럽게 표정도 밝아지고 자신감도 생겨난다.

친구들과 관계를 쌓기 위해 노력하는 아이에게 필요한 것은 그 진심을 알아봐주는 엄마 아빠의 노력이다. "친구한테 뭐라고 말했는데?", "수업시간에 이상한 소리 하지 말라고 그랬지!"라는 이야기만 듣게 된다면 아이는 매일같이 검사를 받는 기분일 것이다. 아이도 친구들과 잘 지내고 싶은데 마음처럼 잘 안 될 때가 있는 법이다. 여기서 누구보다 안타까운 사람은 부모가 아니라 바로 아이라는 사실을 잊지 말자.

외향성과 내향성은
동전의 앞뒷면과 같다

① 수줍음이 많아 함께 지내는 사람들과도 어색해하며 친해지기 전에는
　모든 사람들이 잠들 때까지 기다린 뒤에야 샤워를 했다.
② 각종 음원 차트를 휩쓸며 전 세계에서 인정받는 가수로 활동한다.

　과연 이 두 가지에 모두 해당하는 사람이 있을까? 놀랍게도 존재한
다. 바로 방탄소년단의 멤버 정국이다. 화려한 무대에서 당당하게 노
래를 부르는 모습과는 다르게 그는 연예계에서도 소문난 내성적인 사
람이라고 한다. 참 의아하다. 우리가 그동안 생각했던 내성적인 사람
은 소심하고 겁이 많고 도전하지 못하는 이미지로 가득 차 있었는데,
그가 보여준 모습은 전혀 다르니 말이다.

가끔 아이가 너무 소심한 것 같아 고민이라며 상담실을 찾는 부모님이 있다. 내성적이라서 친구를 사귀는 것도 어려워하고, 소심해서 매사에 주저한다는 것이다. 그런데 내성적이고 소심한 것이 정말 문제이기만 할까?

심리학자 융은 사람의 성격을 '내향성'과 '외향성'으로 구분했다. 너무나도 친숙한 MBTI가 바로 융의 성격 이론을 바탕으로 만들어진 검사다. 외향성과 내향성은 정신적 에너지의 방향성을 나타내는 것으로, '내향성'이란 에너지가 자기 스스로에게 향하는 것이며, '외향성'이란 에너지가 외부로 향하는 것을 의미한다. 그래서 내향적인 사람은 자신의 내면에 주의를 집중하며 조용하고 내적인 활동을 즐기는 반면, 외향적인 사람은 주로 외부세계를 통해 에너지를 얻고 활동적인 것으로 알려져 있다.

여기서 주의할 사실은 내향성과 외향성은 에너지의 방향을 나타내는 것일 뿐, '좋고 나쁘다'의 가치판단을 할 수 없다는 것이다. 미국의 저명한 내향성 연구가이자 심리치료사인 마티 올슨 레이니 박사는 저서 『내 아이에게 숨겨져 있는 재능』을 통해 내향적인 성격이라고 해서 결코 자신감이 없는 것은 아니며, 내향적인 아이들이 가지고 있는 재능을 긍정적으로 바라봐야 한다고 강조했다.

하지만 언뜻 보면 여전히 사회에서는 외향적인 사람들만 성공하는 것 같다. 매사에 적극적이고 밝고 호탕하며 인간관계가 넓은 것이 성공한 사람들의 증표처럼 여겨지기도 한다. 그런데 좀더 자세히 들여다보면, 꼭 그런 것만은 아니다. 엠마 왓슨, 비욘세, 방탄소년단 정국.

이 세 사람은 모두 내향적이라는 공통점을 가지고 있다. 비욘세는 한 인터뷰에서 자신이 내향적인 사람임을 고백했다. 엠마 왓슨은 내향적인 성격 탓에 사람이 많은 파티장에 가면 금방 지친다고 한다. 그럴 때 그녀는 화장실에서 휴식을 취한다.

하지만 TV 속 그들의 모습은 굉장히 '외향적'인 것처럼 보인다. 그들이 기질을 바꾼 걸까? 아니다. 내향성과 외향성이 하나의 스펙트럼 상에 존재하듯이 누구나 내향적인 면과 외향적인 면을 가지고 있다. 그리고 상황에 따라 어떤 부분이 크게 발휘되기도 한다. 평소에는 내향적인 사람들도 어떤 경우에는 굉장히 주도적이고 적극적인 모습을 보이는가 하면, 아무리 외향적인 사람이라도 어떤 상황에서는 말하지 않고 조용하게 지내는 경우가 있는 것이다.

다양한 나의 모습을 발견할 수 있는 '예외질문'

수줍음이 많은 혜진이는 자신감도 없고 너무 소심한 것이 문제라며 나를 찾아왔다. 혜진이 어머니는 아이가 항상 소심하고 내성적인 것은 아니라고 했다. 그리고 혜진이에게 친구가 없는 것도 아니고 친한 친구들도 항상 옆에 있다고 했다. 그런데 며칠 전 회장선거에 나간 옆집 지우와 혜진이를 비교한 것이 화근이 되었다며 어머니는 자책하고 있었다. 지우가 회장으로 당선되자 어머니는 혜진이에게 말했다.

"너도 잘할 수 있잖아. 내년에는 회장선거에 나가보자."

그런데 혜진이는 단번에 선을 그었다.

"아니야! 난 못 해!"

혜진이를 한 가지 모습으로 재단하지 않은 어머니의 태도는 매우 높이 살 만하다. 어머니는 친구가 많지는 않더라도 한번 사귀면 깊은 관계를 맺고, 때로는 조리 있게 할 말을 하는 혜진이의 장점을 잘 알고 있었다. 하지만 그러한 장점을 혜진이에게 알려주기 위해 했던 말이 정작 아이에게는 별 도움이 되지 않았다.

아이가 "아니에요, 저는 그런 사람이 아니에요"라고 말하는 이유는 '나는 이런 사람이야'라며 스스로에 대해 정해놓은 틀이 있기 때문이다. 또는 '내가 과연 그렇게 할 수 있을까?'라는 걱정이 앞서서 스스로를 보호하고자 하는 마음이 들기 때문이다. 이럴 때에는 아이의 불안감은 인정하되, 자신의 다양한 모습을 깨닫도록 도와주는 것이 중요하다. 내가 주로 사용하는 방법은 바로 '예외질문'이다.

자신이 너무 소심해서 문제라는 혜진이에게 소심한 것이 무엇이라고 생각하는지 물었다. 그러자 혜진이는 '하고 싶은 말도 하지 못하고, 가만히 있는 것'이라고 대답했다.

"그럼 혜진이는 여태까지 하고 싶은 말을 했던 적이 단 한 번도 없었어?"

예외질문이었다. 그러자 혜진이는 눈을 굴리며 머릿속으로 탐색하기 시작했다.

"음, 꼭 그런 건 아니에요. 지난번에 동물 실험에 대해 이야기할 때 저는 동물을 좋아해서 그러면 안 된다고 이야기한 적이 있었어요."

"그랬구나, 하고 싶은 말을 못 하고 항상 참는 건 아니구나. 그리고 지금도 선생님이랑 둘이 있을 때는 속마음도 잘 이야기하는 것 같아."

예외경험을 찾은 혜진이는 표정이 밝아졌다. 자신이 항상 소심하다고 생각했던 혜진이는 '단 한 번도 그런 적이 없었니?'라는 예외질문을 통해 자신이 늘 말을 하지 않는 건 아니라는 사실을 알게 되었다. 그리고 또 한 가지, 누구에게나 말을 못 하는 것이 아니라 둘이서 대화할 때는 훨씬 더 편안하게 말한다는 것도 알게 됐다. 이런 사실들은 누군가 이야기해준 내용이 아니라 스스로 발견한 것이기 때문에 훨씬 설득력 있게 다가왔다.

그리고 혜진이는 다음 학기에 부회장이 되었다. 엄마가 회장선거에 나가라고 해서 억지로 나간 것이 아니었다. 자신이 소심하지 않다는 사실을 알게 되고 스스로 더 많은 경험을 하고 싶다는 생각에 자진 출마를 결심했다.

"나는 조용하지만 배려심이 많아. 배려심 많은 회장이 되어줄게."

이 말을 수십 번씩 연습한 끝에 친구들 앞에서 자신을 어필해보는 경험도 가졌다.

예외질문은 변하고 싶지만 두려움이 앞서는 아이에게, 동기부여가 필요한 아이에게, 문제에만 초점을 맞추고 부정적인 생각에 빠져 있는 아이에게 도움이 된다. 예외질문을 통해 긍정적인 예외경험을 찾게 된다면 어떤 점이 좋을까?

아이는 이전에 미처 보지 못했던 자신의 다른 모습을 보게 된다. 문제로만 가득할 것 같았던 삶에서 자신의 작은 강점을 발견하게 되고, 이러한 강점을 더욱 확대할 수 있도록 초점을 변화시킬 수 있는 것이다. 예외질문은 다음과 같은 상황에서도 활용할 수 있다.

⌐ '나는 발표 못 해요'라고 생각하는 아이에게

"성광이는 마음에 들었던 발표가 단 한 번도 없었어?"라고 물어보자. 아이가 없었다고 대답한다면 "엄마는 지난번 연주회 때 성광이가 떨리는데 끝까지 연주했던 모습이 참 멋있었는데"라고 아이의 성공경험을 일깨워주자.

⌐ 평소 "모르겠어요"라고 일관하던 아이가 자기 생각을 말했을 때

"와, 효준이 의견도 좋은데? 이 부분은 엄마도 생각하지 못한 부분이다. 말해줘서 고마워"라며 아이에게 동기부여를 해주자. 그동안 막연한 두려움을 가졌던 아이는 이러한 경험을 통해 용기를 얻고 힘을 낼 수 있다.

사회성이 부족한 아이도, 내성적인 아이도 모두 하나의 특성이 부각되는 것일 뿐, 특별한 문제가 있는 것은 아니다. 아이들에게는 다양한 모습이 있고 이런 모습들은 상황에 따라 다채롭게 발휘된다. 아이가 자신의 다양한 모습을 발견할 수 있도록 도와주자.

사랑을 주고받는 능력이
'절친'을 만든다

학기 초가 되면 아이들의 마음은 바빠진다. 제일 친한 친구가 누구인지 정해야 하기 때문이다. 한 반에서 단체생활을 하는 아이들은 소속감과 안전감이 중요하다. 반에 믿을 만한 누군가가 있다면 아이들은 불안해하지 않는다. 이때 가장 큰 힘을 발휘하는 것이 바로 '절친'이다. 가장 친한 친구라면 언제나 나를 믿어주고 나와 함께할 것이라고 생각하니 두려울 게 없다. 그래서 외향적인 아이든 내향적인 아이든 '절친'을 만들고자 하는 마음과 노력은 마찬가지다.

하지만 때로는 절친에 대한 집착으로 인해 갈등이 생길 수도 있다. 보연이와 승주가 바로 그런 경우였다. 평소 불안이 높았던 보연이는 새로 사귄 승주에 대한 마음이 너무나 커져버린 나머지 "너는 나하고만 놀아야 해"라고 강요하게 됐다. 친구를 많이 사귀는 편이 아니다 보니 친한 친구에 대한 집착이 생긴 것이다. '진정한 친구라면 서로의 모든 것을 알아야 한다'는 생각도 커졌다. 그러다 보니 매사에 승주와 일심동체가 되어 생각과 마음, 행동반경까지 모든 것을 알고 함께하길 바라게 됐다.

승주는 숨이 막혔다. 일거수일투족을 간섭당한다는 생각이 드니 보연이에게서 벗어나고 싶은 마음이 스멀스멀 밀려왔다. 절친이 있으면 불안하지 않을 거라고만 생각했는데 절친으로 인해 서로의 존재감이 위협받기 시작한 것이다. 물론 아직은 갈등이 그리 커지지 않았기에 보연이와 승주는 나를 찾아와서 이런 질문을 했다.

"선생님, 저희 둘은 계속 절친이고 싶어요. 어떻게 하면 좋을까요?"

"그러면 건강하게 서로 거리를 두는 것도 좋은 방법이야."

아이들은 너무나 당황했다. 정말 친한 친구가 되고 싶은데 갑자기 거리를 두라고 하니 어리둥절할 따름이다. 하지만 건강한 거리 두기는 관계를 유지하기 위한 필수 조건이다. '따로 또 같이'라는 위대한 지혜를 바탕으로 서로의 역할과 관계를 존중할 때 비로소 오래가는 절친이 된다.

아이의 생각이나 속마음을 알고 싶은데 쉽게 끌어내기 어려울 때가 있다. 이럴 때는 문장의 빈칸을 채워보는 방식으로 생각을 탐색해볼 수 있다.

친구란 _____ 다.

이때 절친과 건강한 거리 두기를 힘들어하는 아이라면 '친구는 언제든지 무조건 같이 놀아야 한다'라는 비합리적인 신념이 담긴 문장을 완성할지도 모른다. 비합리적인 신념은 현실성이 떨어지고 융통성이 부족하며 경직되어 있다는 특징이 있다. '꼭, 반드시 ~해야 해'와 같은 신념이 담겨 있다 보니, 이를 지키는 일 자체가 굉장한 스트레스를 유발한다.

보연이의 경우도 마찬가지다. '절친이라면 항상 같이 놀아야 해'라는 생각이 오히려 보연이에게 큰 스트레스가 되었다. 사실 아무리 친한 친구라고 해도 모든 상황에서 항상 같이 놀 수는 없는 법이다. 하지만 보연이는 승주가 자신과 놀지 않을 때마다 불안한 생각이 떠올랐다.

'뭐지? 왜 나랑 놀지 않으려고 하는 거지? 내가 싫어졌나?'

이런 생각에 보연이는 승주를 더욱 닦달했다. 승주의 마음을 확인하고 싶다는 조바심이 결국 승주와 점점 멀어지게 했던 것이다.

그렇다면 친구들과 건강한 거리 두기를 어려워하는 아이에게는 어떻게 이야기해주는 것이 좋을까? 단순히 "그러면 안 돼, 친구들이 너를 싫어해"라는 조언은 도움이 되지 않는다. 아이들은 기본적으로 내재된 불안감이 매우 높기 때문이다. 결국 절친을 만들고 싶은 이유도 불안한 마음을 조절하기 위해서다.

그런데 절친이 있는데도 불안감이 줄어들지 않아 친구에 대한 집착이 심해지는 모습을 보일 때는 어떻게 해야 할까? 나는 이럴수록 고슴도치 다루듯 아이를 대해야 한다고 말한다. 가시를 잔뜩 세운 고슴도치를 만지기 위해서는 어떻게 해야 할까? 고슴도치가 스스로 가시를 접도록 안정감을 주어야 한다. 아이도 마찬가지다. 아이의 불안감을 깊이 이해하고 보듬어주면서 불안감이 낮아질 수 있도록 도와야 한다.

보연이 역시 과거 친했던 친구와의 다툼으로 상처를 받았던 경험이 있었다. 그래서 '아무리 친해도 한순간에 내게 등돌릴 수 있다'라는 생각을 갖게 됐고, 절친이 있는데도 불안감을 느끼게 된 것이다. 아이가 비합리적인 생각을 가지고 있다면, 그런 생각을 가지게 된 배경 역시 탐색해보아야 한다.

아이의 생각을 전환시키는
3단계 질문

아이의 마음이 안정되면 비로소 아이에게 스트레스를 주었던 생각을 점검해볼 수 있다. 이때 '좋은 질문'을 던지면 아이가 가졌던 생각의 논리성이나 실용성을 짚어보는 데 도움이 된다. 이는 앞서 살펴본 '예외질문'과도 비슷한 맥락이다. 나와 보연이가 나눈 대화를 살펴보자.

① 내 생각이 정말로 가능할까?

> **나**　보연아, 절친이랑 **항상 같이 노는 것이 가능할까?**
>
> **보연**　음…… 그러면 좋겠지만 꼭 그럴 수는 없을 거예요. 저도 지난번에 작년에 같은 반이었던 소정이가 놀자고 해서 같이 놀았거든요.
>
> **나**　그랬구나. 소정이랑 놀았다고 해서 지금 절친인 친구가 싫어졌던 건 아니지?
>
> **보연**　네, 그럼요. 승주랑도 놀고 싶었는데 승주가 급식당번이어서 같이 놀지 못한 것뿐이에요.
>
> **나**　그랬구나, 맞아. 친구랑 같이 놀지 않는다고 해서 친구가 싫어졌다고 할 수는 없지.

'이 생각이 논리적으로 말이 될까?'라는 질문을 통해 아이는 자신도 모르게 가지고 있었던 '항상, 꼭 ~해야 해'라는 틀이 맞지 않을 수도 있음을 알아차린다.

② 내 생각이 도움이 될까?

나	보연아, 승주랑 항상 같이 놀아야 한다는 생각이 보연이한테 진짜 **도움이 될까?**
보연	사실 그렇게 도움이 되는 건 아니에요. 친구가 다른 애들이랑 노는 모습을 볼 때마다 엄청 스트레스를 받거든요.
나	그랬구나. 보연이는 승주랑 친하게 지내고 싶었을 뿐인데 오히려 그 생각이 보연이를 엄청 힘들게 했구나.

'이 생각이 정말 나(나와 친구의 관계)에게 도움이 되었을까?'라는 질문을 통해, 보연이는 자신의 생각이 오히려 스스로를 힘들게 했다는 사실을 발견했다.

③ 어떻게 하면 좋을까?

나	보연아, 그러면 **앞으로는 어떻게 하면 좋을까?**
보연	승주가 저랑 놀지 못하면 왜 그러는지 이유를 설명해주면 좋을 것 같아요.

나   와, 그것도 정말 좋은 방법이다. 그러면 보연이도 더 이상 불안해
      하지 않고 승주를 믿을 수 있을 거야.

아이에게는 이미 최고의 생각이 있다. 부모의 역할은 아이가 그 생각을 스스로 발견하고 실천할 수 있도록 도와주는 것이다. 최고의 생각을 발견한 아이는 최선의 결과를 위해 누가 뭐래도 스스로 노력하기 시작한다. '이럴 때는 이렇게 해야지'라는 틀에 박힌 말보다는 좋은 질문을 해주는 것이 중요한 이유다.

갈등을 건강하게 해결하는 '회복적 서클'

외향성과 내향성이 동전의 앞뒷면과 같듯이, 아이가 교우관계에서 맞닥뜨리는 상황도 전혀 다른 두 가지가 공존한다. 친구와 너무 친하게 지내려고 하는 경우도 있지만, 툭하면 친구와 다투는 경우도 있다. 외향성과 내향성이 '좋고 나쁘다'의 가치판단을 할 수 없는 하나의 성향이듯, 친구와 친하게 지내는 것과 친구와 다투는 것 역시 '옳고 그르다'를 판단할 수 있는 문제는 아니다.

"아니, 그럼 아이들이 싸워도 그냥 두라는 말씀인가요?"

이렇게 반문한다면, 물론 그렇지는 않다. 다만 아이들의 싸움을 무조건 혼내거나 막기만 하면, 아이가 건강한 교우관계를 맺기가 어려워진다는 이야기다. 집에서도 학교에서도 아이들은 툭하면 싸운다. 어른들은 별것도 아닌 일로 시도 때도 없이 싸운다고 생각하지만 아

이들의 속사정은 다르다. 많이 싸울 수밖에 없는 이유가 분명히 존재하기 때문이다.

우선 환경이 아이들을 싸우게 만드는 요인이 된다. 학교에서 같은 반이 되면 1년 동안은 좋든 싫든 매일같이 얼굴을 보며 지내야 한다. 이사를 가지 않는 이상 동네 친구들과 계속 학교를 같이 다니다 보니 자칫 소문이라도 잘못 나면 꼬리표가 따라다니기 십상이다. 그래서 아이들은 자기방어가 강하다. 누군가 나를 멀리하는 건 아닐까, 뒷담화를 하는 건 아닐까 걱정이 많다. 나를 모함하려는 세력이 나타나기라도 하면 자신의 편을 동원해서 '적'을 무찌르고자 한다. 마치 약육강식의 정글 속에 살고 있는 것 같다.

이런 아이들을 보며 어른들은 제발 사이좋게 지내라고 말한다. 물론 서로 배려하며 사이좋게 지내는 것은 중요하다. 하지만 그렇다고 갈등 자체를 막을 필요는 없다. 누구나 의견이 서로 다를 수 있고 때로는 가치관이 달라 충돌이 일어날 수도 있다. 갈등이 발생하면 지혜롭게 해결하면 그만이다.

갈등을 해결하는 과정에서 아이들은 미처 알지 못한 서로의 속마음에 대해 더 잘 이해할 수 있다. 상대의 감정과 생각을 충분히 헤아리게 되면서 나의 말과 행동이 친구에게 어떤 영향을 주는지 깨닫게 된다. 당연히 조망수용 능력이 높아지고 사회성 역시 발달하게 된다. 아이들이 서로 대화를 나누며 갈등을 해결할 때 비로소 살아 있는 공부가 되는 것이다.

아이들이 싸웠을 때 "누가 먼저 그랬어!" 같은 말은 금물이다. 잘잘못을 가리는 데 초점을 맞추는 순간 아이는 불안하고 초조해진다. 다시 정글 속에서 자신을 보호하기 위해 움츠러들기 시작한다. 아이에게 진정으로 필요한 것은 갈등을 빨리 해결해주는 효율성이 아니라 갈등을 잘 해결하도록 이끄는 올바른 방향성이다.

이때 서로의 마음을 바라보게 해주는 '회복적 서클'이 도움이 된다. 회복적 서클은 잘잘못을 판단하여 처벌을 하는 응보적 관점이 아니라 관계 회복과 공감을 강조하는 회복적 생활교육을 바탕으로 하고 있다. 예를 들어 A와 B가 다퉜다면 서로 대화를 나누도록 도와주는 것이다. 먼저 A가 자신의 이야기를 하게 하고 그다음에 B에게 이런 질문을 던지는 것이다.

① "B야, 방금 A가 했던 말을 들은 대로 말해볼래?"

B는 살짝 놀랄 수 있다. 자기도 하고 싶은 말이 잔뜩인데, 갑자기 A가 했던 말을 기억나는 대로 이야기해보라고 하니 말이다. 그래도 들은 대로만 말하면 되기 때문에 저항감이 적다. B가 자신의 기억대로 이야기하면 이제 A에게 다시 물어본다.

② "A야, 방금 B가 한 말이 맞니?"

A는 생각지 않게 B가 자신의 마음을 알아줬다는 느낌이 들어서 기

분이 조금 풀어졌다. 이제 다시 B에게 묻는다.

③ "B야, A의 말이 사실이라면 A는 어떤 느낌이었을까?"

B는 다시 한번 생각해본다. A의 말이 사실이라면 A는 어떤 느낌이었을지 자신의 생각을 이야기한다. 그러면 그 말을 듣는 A는 어떤 느낌일까? 자신의 기분과 감정을 헤아려준 B에게 마음이 움직인다. 그다음은 B가 자신의 이야기를 할 차례. 그리고 ①~③의 활동을 다시 반복해보는 것이다.

이런 과정은 분명 많은 시간이 소요된다. 하지만 반드시 필요한 과정이다. 현재 아이들 사이에는 커다란 얼음벽이 차갑게 놓여 있는 것과 같다. 이러한 얼음벽을 없앨 방법은 두 가지다. 첫째, 얼음벽을 부숴버리거나 둘째, 따뜻한 온기로 얼음벽을 녹이는 것이다. 첫 번째 방법은 시간이 단축된다는 장점이 있다. 하지만 얼음을 부수면 얼음 조각들이 아이들을 또다시 다치게 할 수 있다. 반면 두 번째 방법은 시간이 걸리되, 안전하다. 대화를 통해 간접적으로나마 서로의 상황을 이해할 수 있는 덕분이다.

아이가 친구와 관계를 맺는 과정에서 감정 사용법이 중요한 이유는, 자신의 감정을 올바로 사용하는 아이가 친구의 감정도 존중할 수 있기 때문이다. 갈등은 서로에 대한 오해에서 비롯된다. 친구의 생각을 잘못 해석하거나 친구가 도저히 이해되지 않는다는 이유로 갈등이 생긴다. 이럴수록 오해를 푸는 성실함이 요구된다. 서로의 속마음을 이해하는 과정에서 비로소 다름을 인정하고 관계를 성숙하게 만들 수 있다. 친구가 나쁜 사람이어서가 아니라 우리가 서로 다른 사람이어서 갈등이 생겼다는 사실을 이해해야 아이는 비로소 건강한 관계를 맺을 수 있다.

교우관계에서 아이가 어려움을 겪을 때 내성적이고 소극적인 태도를 탓하거나, "그런 생각 하지 마"라는 말을 하기보다는 아이가 그 상황을 바라보는 생각을 전환할 수 있도록 도와주자. 생각 하나를 바꾸면 태도가 변화한다. 태도가 변화하면 삶을 살아가는 모습이 달라진다. 아이가 있는 그대로의 모습으로 존중받으며 자기주도적으로 삶을 이끌어간다면 보다 긍정적인 마음으로 세상을 살아갈 수 있을 것이다.

3장

상처를 힘으로, 실수를 도전으로!

: 부정적 감정 전환해주기 :

아이는 '위로' 대신 '공감'을,
'해결' 대신 '이해'를 바란다

"선생님. 저, 피 났어요……"

아이들이 얼굴을 잔뜩 찌푸린 채 손가락의 피를 보여줄 때가 있다. 종이에 베였거나 놀다가 긁힌 상처로, 아이들은 하루에도 몇 번씩 보건실을 들락거린다. 그리고 보건선생님이 붙여주는 반창고가 마법의 약이라도 되는 것처럼, 언제 아팠냐는 듯이 다시 뛰놀기 시작한다.

때로는 마음에도 상처가 난다. 누군가가 무심코 건넨 말이나 행동에 걸려 넘어진 마음이 아프고 쓰리다. 그런데 마음의 상처는 몸의 상처처럼 눈에 보이는 것이 아니라서, 알아채기가 쉽지 않다. '이 정도면 많이 아픈 건가?', '이 정도는 참아야 하는 건가?' 쉽게 판단할 수 없어 상처를 드러내기도 어렵다. 아픈 부분을 치료하지 않고 참기만 하니 마음은 점점 곪아가기 마련이다.

어설픈 위로는
오히려 독이 되기 쉽다

초등학교 상담교사라고 하면, 주변에서 이런 말을 많이 한다.

"초등학생이 상담도 받아?"

"애들이 무슨 고민이 있다고…… 끽해야 친구랑 싸운 정도 아냐?"

사실 어른들의 눈에는 아이들의 고민이 너무나 작아 보인다. "뭘 그런 걸로 그래?" 하며, 울고불고 속상해하는 아이에게 핀잔을 주는 경우도 있다. 하지만 명심해야 할 것이 있다. 우리에게 너무나 작고 사소해 보이는 경험이, 아이에게는 난생처음 겪는 일생일대의 위기일 수도 있다는 사실을 말이다.

우리가 넘어져서 무릎이 까져도 웬만해선 울지 않는 이유는 아픔은 잠시일 뿐, 다시 새살이 돋는다는 사실을 경험적으로 알기 때문이다. 하지만 아직 부상과 회복의 과정을 많이 겪지 않은 아이들은 빨간 피만 보면 놀라고 무서운 마음에 눈물이 그렁그렁 맺힌다.

아이에게 친구란 전부와도 같은 존재다. 핏줄로 이어진 가족이 아닌데도 정을 주고받을 수 있고 마음이 통하는 사람이 있다니, 아이에게는 또 다른 세상이 열리는 순간이다. 게다가 친구는 엄마 아빠나 선생님과는 달리 자발적으로 맺은 관계이기에 애착도 더욱 커지기 마련이다. 그만큼 친구에게 기대고 의지하는 마음도 크다. 그렇기에 친구와의 다툼은 일생일대의 큰 사건일 수밖에 없다. 내 전부라고 여겼던 친구와의 관계가 틀어지다니 세상이 끝난 것처럼 느껴지는 것도 당연하다.

공부는 또 어떤가. 어른들은 늘 성적이 중요하다고 강조한다. 그런데 그토록 중요한 시험을 망쳐버렸다면 아이는 인생 전체가 망한 듯한 절망감을 느낄 수밖에 없다. 그런데 이토록 크나큰 좌절감에 시달리는 아이에게 "고작 시험 한번 못 봤다고 뭘 그렇게 낙담해?"라는 위로 아닌 위로를 건넨다면? 나에게는 너무나 큰일인데 별일이 아니라고 하다니, 아이는 이해받지 못했다는 생각에 더욱 상처받게 된다.

아이가 힘들어하는 모습을 보면 엄마 아빠는 어떻게라도 기운을 북돋워주고 싶어서 조바심이 난다. 하지만 섣부른 위로와 희망의 말은 별 도움이 되지 않을 가능성이 크다. 미국 웨인주립대학교 연구팀의 연구 결과, 모두에게 통하는 만병통치약 같은 위로의 말은 없었다.

연구팀은 10~15세의 아이들 300명에게 일반적인 위로와 응원의 문장 여섯 가지를 보여주며, 얼마나 위로가 되는지 점수를 매기도록 했다. 각 문장은 "다 잘될 거야"와 같이 상황을 긍정적으로 해석하거나, 사건의 심각성을 최소화하거나, 무턱대고 공감을 보여주는 등의 전략으로 구성되었다. 결과는 어땠을까? 모든 아이들에게 공통적으로 위안이 되는 하나의 마법 같은 표현은 없었다. 연구를 진행한 태너(Shawna M. Tanner) 교수는 "위로의 말보다 더 중요한 것은 그들과 함께 있어주는 것"이라며 이렇게 강조했다.

"어설픈 위로의 말이 오히려 독이 될 수 있습니다."

"그냥 들어주는
것만으로도 좋아요"

그렇다면 아이들에게 정말 필요한 것은 무엇일까? 넘어져서 무릎이 까지면 얼마나 상처가 났는지 들여다봐야 하는 것처럼, 아이들에게도 상황을 돌아보며 자신의 마음을 들여다볼 시간이 필요하다. 그렇기에 "괜찮아질 거야", "별거 아니야", "그럴 땐 이렇게 생각해봐"라며 섣불리 조언하는 것은 뜬구름만 잡는 일일 수 있다.

사실 나 역시 아이들의 고민을 들어주다 보면 자연스럽게 해결책을 떠올리게 된다. '상담교사라면서 가만히 듣기만 하면 안 되지'라는 조바심이 발동하는 것이다. 그래서 "선생님이 뭘 도와주면 좋을까?"라고 물으면, "사실 선생님이 해결해주실 건 없어요"라는 답변이 돌아오곤 한다. 뒤통수를 맞은 듯한 얼얼함에 잠시 말을 잇지 못하면 바로 다음 이야기가 이어진다.

"그냥 선생님이 이야기를 들어주는 것만으로도 좋아요."

단지 들어주는 것만으로도 마음이 편해진다는 것이다. 아이들은 우리에게 '해결'을 구하는 게 아니라 '이해'와 '공감'을 원한다. 우선 이야기를 가만히 경청해준 뒤 아이의 불안과 절망감을 함께 바라봐주자. 어린 시절 단짝 친구와 싸우거나 시험을 망치는 일은 누구나 경험할 수 있다. 부족하고 못난 사람만 겪는 일이 아님을 엄마 아빠는 잘 알지만, 아이는 아직 모를 수 있다. 마음이 아파서 잠도 잘 자지 못하고 밥도 잘 먹지 못하는 아이에게, 그런 경험과 아픔이 잘못된 게 아니라고 말해줘야 한다.

아이에게 필요한 말은 "누구나 경험하는 거야. 별거 아냐"가 아니다. 아이가 정말로 듣고 싶은 말은 따로 있다.

"그게 너만의 경험은 아니야. 그게 꼭 너의 잘못도 아니고."

자기 자신만 이런 일을 겪는 줄 알았던 아이는 눈이 번쩍 뜨인다. '내가 이상한 게 아니었구나'를 알게 되는 순간 마음이 놓인다.

아이도 모르는 아이 마음을 탐험하는 '척도질문'

아무리 이것저것 물어도 아이가 "잘 모르겠어요"라는 말로 일관하는 경우가 있다. 아무 말이라도 해줘야 어떤 생각을 가지고 있는지 파악할 텐데, 묻는 말에는 대답도 하지 않고 눈물만 글썽이면서 "잘 모르겠다"고만 하는 것이다. 부모 입장에서는 참 답답한 노릇이다.

하지만 아이 입장에서는 모르겠다는 말이 정말 사실일 수도 있다. 혹은 마음속 이야기를 오랫동안 꾹꾹 눌러놓은 탓에 어디서부터 어떻게 풀어가야 할지 막막한 것일 수도 있다. 잔뜩 엉켜버린 실타래를 풀기가 너무 어려운 것이다. 이럴 때는 아이에게 객관식으로 질문해보자.

"모르겠다는 말이 '1번, 도대체 내 마음이 무엇인지 모르겠어요'라는 의미니? 아니면 '2번, 내 마음을 알지만 이걸 말해도 될지 모르겠어요'라는 의미니?"

'모르겠다'는 말에는 여러 의미가 포함될 수 있다. 자신의 마음을 모르는 막막함일 수도 있고, 이야기해도 될까 하는 불안감일 수도 있다. 이럴 때는 객관식으로 질문하면서 아이조차 막막해하는 자신의 마음을 명료하게 볼 수 있도록 돕는 것이 중요하다.

만약 1번 '저도 도대체 제 마음이 무엇인지 모르겠어요'라는 의미라면 그 막막함을 존중해주고 천천히 탐색해보는 시간을 가져보자. 아이와 대화를 하다 보면 몇 개의 단어 조각을 바탕으로 고도의 추리력을 발휘해야 하는 상황이 생기기도 한다. 이때 먼저 아이에게 이런 말을 해주자.

"만약 내가 앞서가거나 오해하는 것이 있다면 멈추라고 말해줘."

내 의견을 중요하게 여긴다는 생각은 안전감을 느끼게 한다.

2번 '제 마음을 알지만 이걸 말해도 될지 모르겠어요'의 경우라면, 그 불안감을 잘 어루만져주는 것이 중요하다. "뭘 걱정하는 거야, 그냥 말해"라고 이야기한다고 해서 불안감은 절대 가라앉지 않는다. 특히 아이가 우울해하고 힘들어할 때면 부모의 호기심을 조절하는 것이 필요하다. 아이가 감당할 수 있는 시기에 하나씩 마음을 꺼내보도록 안전한 환경을 먼저 만들어주자. 오랜 시간 꾹꾹 눌러놓은 감정을 소화하기 위해서는 시간이 필요하다는 사실을 잊지 말아야 한다.

한편 아이가 불안이라는 감정에 매여 다른 어떤 시도도 하지 않는 기간이 길어질 때는 다른 접근이 필요하다. 이때는 아이가 추상적으로 느끼는 불안이라는 감정을 눈에 보이게 꺼내오는 것이 중요하다. 대표적인 방법이 바로 '척도질문'이다.

"네 마음의 불안감을 점수로 표현해볼까? 10점은 불안감이 제일 높은 상태고 0점은 불안감이 전혀 없는 상태야. 그리고 5점은 힘들지만 견딜 만한 상태라고 하자. 그러면 네 불안점수는 몇 점일까?"

이렇게 마음에 점수를 매겨보는 활동을 통해 추상적이고 복잡하게 느껴졌던 감정을 구체적으로 표현할 수 있다. 굉장히 크게 지각했던 감정들이 수치화되면서 좀더 명확해지는 것이다. 따돌림을 당해 힘든 시기를 겪었던 연주와 내가 나눈 대화를 살펴보자.

"연주야, 작년에 따돌림받았을 때의 점수, 올해 초의 점수 그리고 지금의 점수를 매겨보면 각각 몇 점일까?"

"음…… 작년에는 9점, 올해 초는 8점, 지금은 7점 정도 되는 것 같아요."

"그렇구나. 그런데 작년보다 지금은 점수가 2점이나 줄었네?"

"그렇네요. 작년보다 나아지긴 했어요."

"그럼 2점이 줄어든 비결은 무엇일까?"

"음…… 선생님한테 이렇게 상담도 받고, 지금 짝꿍이 착해요."

"그런 비결이 있었구나. 짝꿍이 연주에게 좋은 마음이 있나 보다. 그리고 보니 연주가 지난번에 감기 때문에 병원에 다녀온 날, 짝꿍이 선생님한테 연주 어디 아프냐고 물어보더라."

"그런 적이 있었어요?"

"응. 그러면 연주는 이제 불안점수가 몇 점이면 좋겠어?"

"음…… 저는 5점이면 좋겠어요."

"그러면 2점만 줄면 되겠구나. 나중에 2점이 줄었다는 건 무엇을 보고 알 수 있을까?"

"글쎄요…… 지금 짝꿍이랑 더 친해지면 좋을 것 같아요."

연주는 나와 대화를 나누면서 자신의 불안을 똑바로 바라보기 시작했다. 작년에는 9점이던 불안점수가 지금은 7점으로 줄어든 것을 보며, 불안감이 이전에 비해 나아졌다는 사실을 확인할 수 있었다. "작년보다는 괜찮아 보이는데?"라는 주변의 백 마디 말보다 스스로를 돌아보게 하는 한 가지 질문이 더 효과적인 법이다.

"2점이 줄어든 비결은 무엇일까?"와 같이 아이가 스스로 성공 경험을 돌아보게 하는 질문도 중요하다. 이를 통해 도움이 되었던 경험을 떠올리면서 용기를 충전할 수 있고, 불안감을 다스릴 실마리를 얻게 된다.

또한 "불안점수가 몇 점이면 좋겠어?"처럼 변화에 초점을 두는 질문을 한다면 아이는 자연스럽게 해결에 집중한다. '내가 정말 바라는 모습은 무엇일까? 그걸 어떻게 이룰 수 있지?'라고 생각하는 과정을 통해 변화를 꿈꾸게 되는 것이다.

아이의 불안과 우울까지
존중할 필요가 있다

무엇보다 중요한 것은 불안이나 우울 등 부정적인 감정을 존중해주는 태도다. 희선이는 자신이 마음에 들지 않는다고 했다. 스스로의 모습이 밉고 싫다고 했다. 나는 희선이에게 "아니야, 네가 얼마나 장점이 많은데"라고 이야기해주지 않았다. 대신 옆에서 묵묵히 이야기를 들어줬다. 희선이 혼자 외로웠을 시간, 힘들었을 시간이 느껴졌기 때문이다. 희선이가 말을 마친 뒤 이런 질문을 건넸다.

"여기 있는 크레파스 색깔이 참 다양하지? 혹시 이 중에 싫은 색깔이 있니?"

희선이는 검은색이 싫다고 했다. 좋아하는 색깔이 있는 만큼 싫어하는 색깔 역시 존재할 수 있다. 그렇다고 검은색이 없어져야 할 색깔은 아니다. 밝은 색만 있으면 밝은 줄을 모른다. 어두운 색이 함께 있어야 밝음을 알 수 있다. 이런 이야기를 들려주자 희선이가 피식 웃더니 한마디를 했다.

"듣고 보니 그렇네요. 검은색도 필요하긴 하네요."

대부분의 사람들이 우울함을 빨리 떨쳐버리려고 한다. 우울한 것은 나쁜 것이라는 생각이 깔려 있기 때문이다. 그래서 아이가 우울한 모습을 보이면 빨리 긍정적인 모습으로 바꿔주려고 마음이 급해진다.

하지만 우울함은 없애버려야 할 대상이 아니다. 오히려 '나 좀 돌봐줘!'라는 마음의 소리일 수 있다. 아이의 마음에서 들려오는 소리를 막아버리지 말고, 빨리 말하라고 재촉하지도 말고, 스스로 말할 때까지 함께 기다려주는 시간이 필요하다. 아이가 품고 있는 다양한 색깔 가운데 검은색도 꺼내 보일 수 있도록 도와주자. 그리고 검은색도 내 삶에 분명 필요한 색깔이라는 것을 알려주자. 그것이 아이의 감정을 올바르게 사용하는 방법이다.

충동과 실수를 줄이는
자기조절력 기르기

"선생님, 명수가 유난히 기다리는 걸 못 해요. 자기 맘대로 해야 직성이 풀리는 아이 같아서 걱정이네요. 지난 주말에 반모임이 있었어요. 아이들이 미끄럼틀을 타기 위해 줄을 서 있었는데 그것도 참지 못해서 싸움이 났어요. 인내심이 너무 부족해서 걱정이에요. 어렸을 때도 갖고 싶은 장난감이 보이면 사달라고 심하게 조르곤 했거든요. 너무 떼를 쓰는 바람에 사주기는 했는데…… 이제는 제가 몇 번을 얘기해도 그때뿐인 것 같아요. 어떻게 하면 좋죠?"

참고 기다리는 것에 어려움을 겪는 명수 때문에 어머니는 걱정이 많다.

재준이 어머니도 비슷한 문제로 고민하고 있다.

"선생님, 재준이가 오늘 친구가 가져온 간식을 몰래 가져갔다지 뭐예요! 정말 어쩌죠?"

재준이는 최근 살이 많이 쪄서 다이어트에 돌입했다. 그런데도 엄마가 없을 때면 식욕이 폭발한다.

"먹고 싶은데 어떡하라고요! 엄마는 만날 못 먹게 한단 말이에요."

재준이가 담임선생님에게 울상을 지었다.

"재준이가 갑자기 그동안 먹던 것도 먹지 못하게 되니까 스트레스를 많이 받는 것 같아요. 친구 것을 가져가는 건 잘못이지만 요즘에는 교실에서도 쉽게 짜증내고 욱하는 일들이 많아졌어요."

담임선생님은 내게 재준이에 대한 걱정을 늘어놓았다.

명수와 재준이는 모두 인내심이 부족하다. 명수는 어렸을 때부터 갖고 싶어 하는 것은 바로 사줘야 할 정도로 기다리는 것을 싫어했다. 명수 어머니는 처음에는 성격이 급한 거라고만 생각했다. 하지만 학교에 입학하고 단체생활을 하게 되면서 문제가 점점 심각해졌다. 줄도 서지 않고, 담임선생님의 말도 듣지 않으면서 실수도 잦아진 것이다. 게다가 짜증까지 점점 늘어 어머니가 감당하지 못할 수준이 되어버렸다.

재준이 역시 참는 것이 힘들다. 어렸을 때부터 특히 식욕을 참지 못해 항상 과자, 사탕을 입에 달고 살았다. 재준이 어머니는 걱정도 되었지만 차마 먹지 말라는 말은 하지 않았다. 하지만 재준이가 점점 살이 찌고 결국 의사선생님한테 소아비만의 위험이 있다는 소리까지 듣게 되니 정신이 번쩍 들었다. 갑작스러운 간식 금지령에 재준이는 당황했다. 간식을 못 먹게 되니 우울과 짜증만 늘어나고 급기야 친구가 가져온 과자에 슬쩍 손을 대고 말았다.

충동성은 계획에 의해서가 아니라 순간적인 감정에 따라서 예기치 않은 행동을 하게 되는 것을 의미한다. 자신의 욕구에 지나치게 충실한 나머지 질서를 지키지 못하거나 다른 사람의 욕구를 무시하여 충돌이 발생하기도 한다.

많은 연구에서도 충동조절 능력의 중요성을 강조한다. 신경과학 연구원인 샌드라 애모트(Sandra Aamodt)와 샘 왕(Sam Wang)의 연구 결과에 따르면 충동조절 능력이 뛰어난 아이들은 그렇지 않은 아이들보다 비판적인 사고 능력이 높으며 문제 해결 능력도 뛰어났다. 또한 학업 성취에도 자제력이 지능보다 두 배나 중요한 것으로 나타났다. 한마디로 충동조절 능력은 아이의 인생에서 다방면으로 중요한 역할을 한다.

마시멜로 실험의 진짜 메시지

이쯤 되면 머릿속에 떠오르는 실험이 있을 것이다. 바로 그 유명한 마시멜로 실험이다. 1966년, 미국 스탠퍼드대학교의 심리학자 월터 미셸(Walter Mischel)은 세계를 뒤흔들 실험을 시작했다.

방에 선생님과 아이가 들어간다. 책상 위에는 아이들이 너무나도 좋아하는 마시멜로가 놓여 있다. 아이가 마시멜로를 먹으려고 손을 뻗을 찰나에, 선생님이 이렇게 말한다.

"지금은 마시멜로를 한 개만 먹을 수 있어. 그런데 마시멜로를 두 개 먹을 수 있는 방법이 있는데 한번 해볼래? 마시멜로 한 개를 너에게 줄게. 선생님이 다시 돌아올 때까지 15분 동안 먹지 않고 기다리면 마시멜로를 하나 더 줄게. 하지만 선생님이 오기 전에 먹으면 마시멜로를 주지 않을 거야."

사실 간단했다. 15분만 기다리면 아이들은 마시멜로를 두 개 받을 수 있었다. 하지만 15분은 아이들에게 꽤 긴 시간이었다. 아이들의 행동은 몰래 카메라로 기록되었다. 혼자만 방에 남겨진 아이들은 눈앞의 유혹에 저항하기 위해 꽤 애를 썼다. 즉시 마시멜로를 먹어버린 아이들은 적었지만, 끝까지 참은 아이들도 3분의 1에 불과했다.

10여 년 뒤에 추적조사가 실시되었다. 결과는 흥미로웠다. 마시멜로를 먹지 않았던 아이들은 마시멜로를 먹었던 아이들보다 학업 성취도, 건강, 사회적응력, 가족관계 등에서 월등히 좋았다.

"당장의 작은 만족보다 나중의 더 큰 만족을 위해 기다릴 줄 아는 것."

마시멜로 실험의 결과는 너무나 매력적이었다. 당장의 작은 만족에 휘둘리지 않고 나중의 더 큰 만족을 기다리다니, 얼마나 탐나는 능력인가? 그 후 수많은 가정에서 아이의 미래를 점치기 위해 유사한 마시멜로 테스트를 실시했고 수많은 부모가 좌절했다. 좀 참을 줄 알아야 만족지연 능력이 생기고 나중에 성공도 할 텐데, 그럴 씨앗이 잘 보이지 않았기 때문이다.

좌절한 부모들을 위해 두 번째 후속 실험이 시작되었다. 이 실험에서는 아이 앞에 남겨놓은 마시멜로 그릇에 뚜껑을 덮어두었다. 눈에 마시멜로가 보이는 것과 보이지 않는 것이 기다리는 시간에 영향을 주는지 탐색하기 위해서였다. 그때까지만 하더라도 나중의 보상이나 성취가 순간의 충동을 억제하는 요인이라는 생각이 널리 퍼져 있었다. 하지만 실험 결과는 이런 통념을 깨뜨리는 것이었다. 단지 마시멜로 위에 뚜껑을 덮어놓는 것만으로도 기다리는 시간이 거의 두 배나 길어졌다(6분 vs. 11분).

이때 연구원들에게 떠올랐던 장면이 있었다. 1960년대에 처음 실시했던 실험에서 손장난을 치거나, 노래를 부르거나, 눈을 가리는 등의 행동을 했던 아이들이 더 오래 참았던 것이다. 이러한 아이들의 모습에 착안하여 연구진은 아이들을 세 그룹으로 나누고 서로 다른 조언을 들려주었다. 첫 번째 그룹에게는 마시멜로를 먹지 않고 기다리는 동안 재미있는 생각을 해보라고 조언했다. 두 번째 그룹은 나중에 받을 두 개의 마시멜로를 생각하라는 지시를 받았다. 그리고 세 번째 그룹에게는 아무 지시를 주지 않았다. 결과는 어땠을까?

참 재미있는 결과가 나왔다. 마시멜로가 눈에 보이든 보이지 않든 마시멜로에 대해 직접적으로 생각했던 아이들(그룹 2)은 전반적으로 기다리는 시간이 짧았다. 반면 재미있는 생각을 했던 아이들(그룹 1)은 마시멜로가 눈에 보이든 보이지 않든 모두 10분 이상 기다릴 수 있었다. 반면에 아무 지시도 받지 않았던 아이들(그룹 3)은 마시멜로에 노출되었을 경우 기다릴 수 있는 시간이 눈에 띄게 줄어들었다.

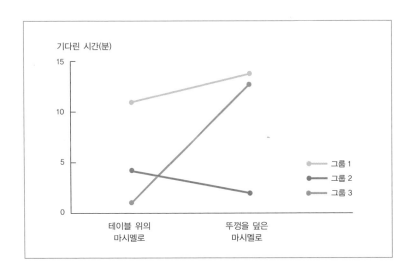

이러한 결과는 마시멜로를 먹은 것이 단순한 개인차라고 보았던 사람들의 시선에 물음표를 던졌다. 이 실험의 결과에 따르면 아이들의 인내심에 정말로 영향을 주었던 것은 개인차가 아니라 마시멜로를 눈에 보이게 한 환경이었던 것이다. 또한 보상을 생생하게 강조하며 아이들에게 인내심을 요구한 것이 오히려 전혀 도움이 되지 않았다. 이 실험을 통해 어른들이 만들어준 심리적, 언어적 환경이 아이의 인내력과 자제력에 엄청난 관련이 있으며, 심지어 아이의 자기조절력을 향상시킬 수 있다는 점이 발견되었다. 이를 토대로 아이의 자기조절력을 높이는 방법을 알아보자.

효과적인 자기조절 전략을 알려주자

두 번째 마시멜로 실험에서 아이들이 15분을 기다리지 못한 이유는 유혹을 멀리하는 전략을 미처 깨닫지 못했기 때문이다. 아이가 경험을 통해 마음을 다스리는 방법을 알게 된다면 자기조절력 역시 길러질 수 있다.

실험 결과 아이들이 당장의 보상을 떠올리는 것보다는 다른 생각을 하는 것이 인내심을 발휘하는 데 도움이 되었다. 마트에서 줄 서 있는 것을 힘들어하는 아이에게 "기다리기 힘들면 이번 방학에 뭐 하고 놀지 생각해봐"라고 주의를 전환할 효과적인 방법을 알려주자.

💬 아이를 유혹할 만한 물건은 보이지 않게 하자

아이 눈앞에 게임기를 두고 게임을 참으라고 하는 것은 고문에 불과하다. 아이의 인내심을 방해할 만한 물건(TV리모컨, 휴대전화, 게임기 등)은 눈에 띄지 않게 하는 것이 가장 좋다.

💬 아이의 눈높이에서 설명해주자

아이에게 무작정 "안 돼!", "이렇게 해!"라고 말하는 것보다는 이해하기 쉽게 설명해주는 것이 중요하다. 왜 이렇게 해야 하는지 납득할 수 있을 때 자율성도 높아진다.

아이가 부모를
믿지 않는 이유

2012년, 세 번째 마시멜로 실험이 발표되었다. 미국 로체스터대학교의 인지과학자 키드(Celests Kidd) 연구팀은 3~5세의 아이들 28명에게 컵을 예쁘게 꾸미는 미술 작업을 할 거라고 설명하고 크레파스가 놓인 책상에 앉게 했다. 그리고 조금만 기다리면 다른 꾸미기 재료를 주겠다고 했다.

몇 분 후 A집단(신뢰 그룹) 아이들에게는 약속한 꾸미기 재료를 주고 B집단(비신뢰 그룹) 아이들에게는 재료가 없다며 사과했다. 그 후 다시 고전적인 마시멜로 실험을 진행했다. 결과는 어떻게 되었을까?

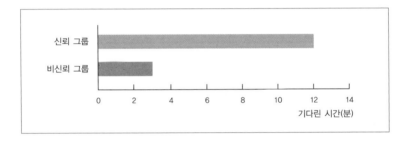

처음에 신뢰를 경험한 아이들은 평균 12분 이상 기다렸고, 14명의 아이들 중 아홉 명은 15분이 지날 때까지 마시멜로를 먹지 않았다. 그렇다면 비신뢰 환경의 아이들은 어땠을까? 아이들은 평균 3분을 기다렸고, 15분까지 기다린 아이는 단 한 명이었다.

아이들 입장에서는 당연한 일이었다. 이미 약속이 지켜지지 않아 신뢰가 깨진 상태였다. 다시 15분이나 기다린다고 해서 두 개의 마시멜로를 받을 수 있을 거라는 생각은 들지 않았던 것이다. 불투명한 상황에 있으니 지금 눈앞에 있는 하나의 마시멜로를 먹는 편이 아이들 입장에서는 훨씬 더 현명한 판단이었을지도 모른다.

이 실험 결과를 보고 뜨끔한 분들이 많을 것이다. 왜냐하면 평소 우리는 어른이라는 이유로 아이들과의 약속을 쉽게 바꾸거나 어기기 때문이다.

"생각해봤는데 그건 아닌 것 같아."

"그냥 그런 줄 알아."

생각해보자. 이런 말로 아이와의 약속을 일방적으로 바꾼 적은 없었는지. 만약 있었다면 이제 아이의 입장이 되어보자. 평일에는 게임을 30분만 하고 주말에는 두 시간씩 하기로 엄마 아빠와 미리 약속한 아이가 있었다. 기다리고 기다리던 주말이 다가오자 아이는 정말 신나게 게임을 시작했다. 그러자 홀린 듯이 게임을 하는 아이의 모습에 엄마 아빠는 갑자기 불안해졌다.

'이러다가 우리 아이가 게임 중독에 걸리는 것 아닐까?'

그래서 주말에는 한 시간만 해야겠다며 돌연 태도를 바꿨다. 아이 입장에서는 정말 청천벽력 같은 소식이다. 그렇다면 아이는 평일에 게임을 단 30분만 할 수 있을까? 아니다. 어떻게 하면 게임을 조금이라도 더 할 수 있을까 고민하기 시작한다. 아무래도 엄마 아빠를 믿을 수가 없기 때문이다. 다음 주에는 갑자기 주말에도 30분만 게임을 하라고 생각을 바꿀지도 모르니까 말이다.

이러한 일들이 반복되면 아이는 자신의 충동을 조절하는 대신 자신의 욕구를 조금이라도 더 충족하는 것에 초점을 두게 된다. 자기조절력을 기를 기회는 당연히 오지 않는다. 그렇기에 다음 두 가지를 명심할 필요가 있다.

약속과 보상이 자기조절 능력을 길러준다

키드 연구팀의 마시멜로 실험에서 아이들을 끝까지 기다리게 했던 건 선생님의 약속을 믿을 수 있다는 신뢰 경험이었다. 아이가 충동을 조절하며 통제력을 증가시키기 위해서는, 충동을 참을 경우 기대했던 보상이 돌아온다는 것을 경험해야 한다.

아이가 인내심을 보이기 어려워하는 휴대전화나 게임 등에 대해서는 아이와 함께 하루에 몇 분을 할 것인지 약속을 정하고, 이를 반드시 지키기 위해 노력해야 한다. 자기조절 능력을 기르기 위해서는 약속을 지키는 어른과 신뢰할 수 있는 환경이 필요하다.

아이의 롤 모델이 되어주자

아이는 부모의 일상적 모습을 통해 많은 것을 배운다. 아이에게 잔소리하고 엄마 아빠는 본보기가 되는 모습을 보이지 않는다면, 아이는 자신이 왜 참아야 하는지 이해하지 못한다. 아이가 30분 동안 TV를 보기로 했다면, 부모 역시 함께해주어야 한다. "이제 시간 다 됐으니까 공부해"라고 하면서 부모는 계속 TV를 시청한다면 아이에게는 어떤 의욕도 생기지 않는다.

자기조절력을 높이는 몇 가지 방법

앞에 소개한 것 외에도 자기조절력을 높이는 다양한 방법이 있다. 하나씩 살펴보자.

🔜 놀이를 활용하자

스트레스를 받으며 충동을 참아야 한다면 아이에게 그 활동은 스트레스가 될 뿐이다. 샌드라 애모트와 샘 왕은 아이의 개인적인 성향을 충동성 조절에 적극 활용하라고 조언한다. 아이가 즐길 만한 활동, 하지만 노력을 들여야 하는 활동을 찾아 점점 단계를 높여보자. 활동을 즐기며 충동성도 조절할 수 있다. 실제로 공기놀이나 도미노, 탑 쌓기 놀이나 보드게임을 하는 것만으로도 자기조절력을 어느 정도 기를 수 있다.

🔜 노력을 칭찬해주자

도미노가 넘어졌을 때 "괜찮아"라고 말해주는 것보다 "아까는 이만큼밖에 못 했는데 지금은 훨씬 더 길게 늘어놓았구나!"라는 피드백을 해준다면, 노력을 기울인 만큼 변화가 일어났다는 사실을 알게 된다. 그 후 "이럴 때는 중간에 블록 조각을 빼놓으면 도미노가 쓰러져도 처음부터 다시 하지 않아도 돼"라는 팁을 알려주면 더욱 효과적이다.

🔜 규칙을 구조화해서 알려주자

"초록불이라고 해도 횡단보도를 건널 때에는 먼저 양옆을 살펴야 해. 가끔은 차가 쌩하고 지나갈 수가 있어 위험하단다", "공공장소에서는 뛰어다니거나 소리를 지르면 안 돼, 다른 사람들에게 피해를 끼치는 일이야" 등의 규칙과 이유를 아이와 해당 장소에 갔을 때마다 반복해서 알려주자. 충분한 반복 연습을 통해서만 아이는 그러한 규칙을 내재화할 수 있다.

혼잣말이 도움이 될 수도 있다

"새 장난감을 사고 싶은데 이번 주 용돈을 다 써버렸어. 오늘은 그 냥 참고, 다음 주에 돈이 모이면 그때 사자."

토론토대학교의 연구진은 이렇게 스스로에게 말을 하는 혼잣말이 주의력을 높이고 자기통제에도 도움을 준다고 밝혔다. 또 충동적인 행동을 다루는 데도 효과적이라고 강조했다. 즉각적인 충동이 아이의 마음을 괴롭힐 때 이러한 전략을 사용해보자.

건강한 생활습관이 자기조절 능력을 형성한다

많은 시간을 컴퓨터나 휴대전화에 할애하는 대신 밖에서 뛰어노는 신체적 활동이 아이의 자기조절력을 길러준다. 하버드대학교의 존 레이티 교수는 운동이 집중력과 침착성은 높이고 충동성은 낮춰주는 효과가 있다고 강조했다. 아이가 바른 식습관과 운동습관을 통해 건강한 생활습관을 유지하도록 도와주자.

마시멜로 실험이 정말 우리에게 알려주려는 것은 무엇일까? 바로 자기조절력은 충분히 길러질 수 있는 태도라는 사실이다. 하지만 그러기 위해서는 엄마 아빠의 도움이 반드시 필요하다. 아이와의 신뢰 관계를 유지하며 적절한 조언을 해줄 때 자기조절력이 길러질 수 있다는 사실을 명심하자.

툭하면 화내고 우는 아이,
어떻게 하면 좋을까

"내가 하지 말라고 그랬잖아!"

아이들이 모두 책을 읽고 있는 독서시간에 갑자기 윤나가 소리를 질렀다. 뒤에 앉은 승현이가 자신의 가방을 툭툭 친다는 것이 그 이유였다. 승현이는 억울한 표정이다.

"일부러 그런 건 아니에요. 윤나가 가방을 의자 뒤에 걸어놓으니까 계속 제 발에 닿아서 그런 거예요."

그렇다고 윤나가 항상 소리만 지르는 아이는 아니다. 평소에는 인사도 잘하고 친구들과도 즐겁게 지내는 미소천사다. 하지만 요즘 들어 갑자기 화를 폭발시키는 일이 잦아졌다. 지난번에는 자신을 놀리는 친구에게 책을 던지는 바람에 아이 얼굴에 상처가 나기도 했다. 윤나 어머니는 오늘도 담임선생님한테 전화가 오는 것은 아닌지 매일

살얼음판을 걷는 기분이다.

"윤나가 감정조절을 너무 못 하는 것 같아요. 참으라고 해도 도저히 참지 못하네요."

이제는 친구들도 슬슬 윤나를 피하기 시작했다. 같이 웃다가도 언제 터질지 모르는 시한폭탄과도 같아서 다들 윤나가 두렵고 무서워졌다고 한다.

하루에도 몇 번씩 분노를 표출하는 정환이도 윤나처럼 주변 어른들을 시름에 빠지게 한다. 툭하면 친구들과 싸우고 마음대로 되지 않으면 책상을 엎어버리는 것은 기본이다. 지난주에는 친구들이 자신의 말을 들어주지 않았다고 발로 차는 바람에 학교폭력으로 신고되기도 했다.

"말로 하라고 해도 도저히 듣지 않아요."

정환이 담임선생님은 답답하기만 하다. 정환이는 화가 나면 먼저 물건을 던지거나 소리를 지른다. 일단 손과 발이 먼저 나가 친구를 때리고 문이나 책상을 차는 행동이 반복되니 선생님의 목소리도 점점 커져만 간다.

울면서 상담실에 들어온 세희는 윤나나 정환이와는 조금 다른 경우다.

"선생님, 저 진짜 죽고 싶어요."

세희는 하루에도 몇 번씩 눈물을 글썽인다. 친구들이 자기만 괴롭힌다고 속상해한다. 하지만 반 아이들의 입장은 다르다. 청소당번인데도 가만히 있는 세희에게 동식이가 "야, 너 왜 청소 안 해! 빨리 해"

라고 하자 세희는 "왜 나한테만 그러는데!"라고 소리를 지르며 눈물을 흘렸다고 한다. 당황한 동식이가 "야! 너는 그거 가지고 우냐!"라고 하자 세희의 감정은 더욱 격해졌다고 한다.

"네가 뭘 안다고 큰소리야! 너 진짜 죽고 싶냐?"

갑자기 아이들이 몰려왔다. 믿었던 담임선생님마저 "세희야, 그래도 죽고 싶냐는 말은 심했지?"라고 타이르자 세희의 감정은 폭발하고 말았다.

"왜 다들 나한테만 그러는 거예요! 진짜 죽고 싶어요!"

세희의 눈에서 닭똥 같은 눈물이 떨어졌다.

참는 것과 조절은 다르다,
건강한 감정조절 능력

"저는 나쁜 사람이에요."

상담을 하다가 깜짝 놀랐다. 만날 친구들을 때리고 욕하는 정환이가 스스로를 나쁜 사람이라고 칭했기 때문이다. 친구들만 탓하는 줄 알았는데 스스로를 나쁘다고 생각하다니 마음이 참 아팠다.

하지만 문제는 그다음이다. 아이들이 스스로에 대해 부정적인 이미지를 갖게 되고, 그것이 오래도록 지속되면 행동을 쉽게 합리화하기 때문이다. '나는 나쁜 사람이니까 나쁜 행동을 해도 된다'는 논리에 빠져버리는 것이다. 그러다 보니 공격적인 행동을 해도 죄책감을 느끼거나 양심에 찔려하지 않는다. '내가 이렇게 해도 되나?'라며 스스로를 검열하는 시간마저 프리패스하게 된다.

그렇다면 자신을 나쁜 사람이라고 결정해버린 이유는 무엇일까? 바로 반복적으로 듣게 되는 부정적 피드백 때문이다. "왜 그랬어? 그러면 안 돼. 또 그런다"라는 이야기를 계속해서 들으면, 그 누구라도 스스로에 대해 부정적인 생각을 가질 수밖에 없다.

사실 정환이는 나쁜 아이가 아니다. 친구에게 불쑥 소리를 지르는 윤나와 매일같이 눈물을 흘리며 친구를 쏘아붙이는 세희 역시 못되거나 이상한 아이들이 아니다. 다만 모두 감정조절에 어려움을 보이고 있는 것뿐이다. 그런데 우리는 아이들에게 '쉽게' 이런 말을 한다.

"참을 줄도 알아야지!"

'감정을 조절하는 능력'을 '감정을 참는 능력'이라고 생각하는 사람이 많다. 하지만 잘못된 생각이다. '조절'이라는 단어는 '균형이 맞게 바로잡음' 또는 '적당하게 맞추어나감'이라는 뜻이다. 무조건 억누르는 것이 아니라 균형을 잘 맞추는 것이 올바른 조절이다. EBS〈퍼펙트베이비〉에 출연한 소아정신과 전문의 손석한 박사는 감정조절 능력에 대해 이렇게 말했다.

"감정을 잘 조절한다는 것은 무작정 참기만 하는 것도 아니고 그것을 과잉 분출하는 것도 아닙니다. 자신의 감정이 긍정적이든 부정적이든 간에 그것을 잘 인식하고 다른 사람들이 수용할 수 있는 방법으로 표현하는 사람, 그런 부정적인 감정을 나름대로의 방법을 통해 긍정적인 감정으로 돌려놓을 수 있는 사람이 바로 감정조절 능력이 뛰어난 사람입니다."

마음을 건강하게 표현하고 부정적 감정을 긍정적 감정으로 승화시킬 수 있는 것, 이것이 바로 건강한 감정조절 능력이다. 그렇다면 감정조절 능력은 태어날 때부터 정해지는 능력일까? 다행히 그렇지 않다. 감정조절 능력은 후천적으로도 충분히 길러질 수 있다. 그리고 그 비결은 바로 아이들의 두뇌발달을 통해 알아볼 수 있다.

뇌를
3층 집으로 비유한다면

탑은 1층부터 차곡차곡 쌓아야 한다. 기초가 단단해야 안정감 있게 탑을 쌓아올릴 수 있기 때문이다. 신경과학자 폴 맥린은 뇌의 고차원적인 기능이 3단계에 걸쳐 진화한다고 주장한다. 뇌의 영역도 탑을 쌓는 것처럼 발달한다는 주장이다.

탑의 1층이 기반을 다지는 기초적인 역할을 하듯이 뇌에서도 1층의 역할을 하는 곳이 있다. 바로 뇌간이다. 뇌간은 생존에 가장 기본적인 요소인 심장박동과 호흡 같은 기능을 담당하고 있다. 파충류에게도 이와 같은 기본적인 기능이 있기에 1층의 뇌를 파충류의 뇌라고도 부른다.

그다음은 바로 2층, 감정이다. 뇌에서는 변연계가 다양한 감정을 느끼고 표현하는 역할을 한다. 생각해보면 포유류 역시 사람들과 비슷하게 감정을 표현한다. 예를 들어 강아지를 살펴보자. 우리집에서 키우는 진돗개 똘이는 멀리서 내 발소리만 들려도 문 앞에 와서 꼬리를 흔든다. 내가 집 안으로 들어가면 펄쩍 뛰면서 다가오고, 만약 놀아주지 않거나 간식을 주지 않으면 꼬리를 흔드는 횟수가 줄어들면서 약간 실망에 빠진 듯한 모습도 보인다. 하지만 낯선 사람이 지나가거나 특히 트럭 소리가 나면 표정이 돌변한다. 한껏 으르렁거리면서 나를 대할 때와는 전혀 다른 감정을 표현한다. 그래서 2층에 있는 감정의 뇌를 포유류의 뇌라고도 부른다.

그러면 마지막 3층은 무엇일까? 바로 이성, 인간의 뇌다. 뇌에서는 대뇌피질이라고 불리는 영역이 기억, 감정조절, 계획, 의사결정 같은 고도로 발달한 의식작용을 담당한다. 그중에서도 주목해야 할 부분은 바로 전두엽이다. 전두엽의 경우 뇌가 활동하는 동안 여러 부위에 저장되어 있는 기억정보를 소환하여 결정을 내리거나 계획을 세우는 데 참고한다.

모든 사람의 뇌가 이렇게 차곡차곡 발달해야 하는데 개인 간에 차이가 생기는 이유는 무엇일까? 뇌의 가소성에서 힌트를 발견할 수 있다.

뇌의 생존 전략과
반복의 중요성

우리 몸은 오감을 사용해서 다양한 정보를 뇌로 전달하고, 뇌는 이러한 정보를 바탕으로 다시 몸에 명령을 내리도록 설계되어 있다. 이러한 정보 전달 과정에서 큰 역할을 하는 것이 바로 뉴런이라는 신경세포다.

뉴런은 머리부터 발끝까지 하나로 쭉 이어져 있는 것이 아니라 각각의 뉴런과 뉴런이 서로 연결되어 있는 구조다. 뉴런이 서로 연결되어 있는 지점을 시냅스라고 부른다. 사람의 경우 생후 2세까지는 초당 4만 개의 시냅스가 새로 생성된다는 보고가 있을 정도로 출생 직후에는 필요 이상의 시냅스가 형성된다. 그리고 시간이 지남에 따라 중요한 부분을 제외한 나머지 부분이 제거되면서 시냅스는 점차 줄어들기 시작한다. 일종의 가지치기가 이루어지는 것이다.

그러므로 뇌가 발달한다는 의미는 시냅스가 무작정 많아진다는 뜻이 아니다. 일정 기간 시냅스를 과잉 생산한 후 가지치기를 반복하면서 시냅스의 연결을 정교하게 만들어주는 것을 의미한다. 보다 효율적으로 정보를 주고받기 위한 일종의 고속도로 공사와도 같다.

그렇다면 무엇을 근거로 가지치기가 이루어지는 것일까? 살아가면서 우리에게 중요한 것들만 쏙쏙 남기고 가지치기가 일어나면 좋겠지만 안타깝게도 뇌는 참 이기적으로 행동한다. 철저히 자신에게 중요하다고 인식된 것만 남기고 그렇지 않은 것은 제거해버린다. 이때 뇌의 입장에서 중요하다고 인지하는 것은 바로 반복이다. 우리가 어떤 행동을 지속적으로 반복하면 뇌는 이것이 매우 의미 있다고 학습하게 되고, 이와 관련된 시냅스 연결망을 매우 튼튼하게 관리한다. 반면 반복되지 않는 경험은 의미가 없다고 생각하여 가차 없이 제거해버린다.

사춘기에는 특히 전두엽에서 집중적인 시냅스 가지치기가 이루어진다. 그렇기에 이 시기에는 감정을 인식하고 건강하게 표현하는 능력, 그래서 사람들과 상호작용하면서 감정을 조절하게 하는 정보를 아이가 기억해야 한다. 화가 난다고 떼를 쓰거나 물건을 던지지 않아도 충분히 문제를 해결할 수 있다는 사실을 아이가 아는 것이 중요하다.

다시 아이의 모습으로 돌아가서 생각해보자. 아이가 보이는 감정반응 자체는 감정의 뇌인 변연계가 담당한다. 원하는 장난감을 사주지 않는다며 바닥에 드러누워 우는 아이는 현재 변연계가 작동한 것이다. 만약 이때 부모가 못 이기는 척 장난감을 사주면 아이의 뇌 속에서는 '아, 내가 원하는 것을 얻지 못하면 이렇게 떼를 쓰면 되는구나'라는 엄청난 학습이 일어난다.

반면 우는 방법이 전혀 먹히지 않는다는 사실을 알게 되면 아이는 다른 방법을 찾는다. "갖고 싶다고 해서 다 가질 수 있는 건 아니야. 그리고 공공장소에서 이렇게 떼를 쓰는 것은 좋지 않아"라고 설명해준다면 아이는 '아, 내가 원하는 것을 갖고 싶다고 해서 이렇게 떼를 쓰는 것은 전혀 좋은 방법이 아니구나'라는 사실을 학습하게 되는 것이다.

아이가 한 단계 발전해서 "엄마, 저 이거 가지고 싶어요"라고 차분하게 말로 표현하면 어떨까? 떼만 쓰던 아이가 언어로 생각을 표현하면서 비로소 감정을 조절할 수 있게 된다. 자신의 욕구에만 신경 썼던 아이가 감정을 인식하고 말로 설명하는 과정 자체가 감정을 조절하는 첫걸음이 되는 것이다. 말로 잘 전달했을 경우 욕구도 해소된다는 경험을 하면 뇌는 이러한 감정표현 방법을 중요하게 인식하고 정보망에 차곡차곡 저장한다.

화를 화로
이겨서는 안 된다

아이가 흥분 모드가 되어 공격적인 모습을 보일 때면 참 막막하고 난감하다. 뭐라고 이야기해도 도무지 듣지 않기 때문이다. 하지만 이럴 때 반드시 지켜야 할 원칙이 있다. 바로 화를 화로 이기면 안 된다는 것이다.

아이가 화를 낸다고 해서 이를 '꺾기 위해' 더 크게 화를 낸다면 어떤 일이 벌어질까? 물론 공격적인 모습을 보이던 아이가 화를 멈출 수도 있다. 하지만 잠시 멈췄을 뿐, 앞으로 어떻게 해야 하는지 배울 수는 없다. 오히려 이러한 경험으로 아이는 '아, 화가 났을 때는 더 크게 화를 내면 문제가 해결되는구나'라고 학습하게 된다.

"나도 달리기 못 하니까 신우도 못 해야 해요. 그래야 공평하죠!"

찬혁이가 씩씩거리며 상담실로 들어왔다. 사건은 체육시간에 일어났다. 다리를 다친 찬혁이는 달리기를 못 하고 쉬는 중이었다. 그런데 같은 반 친구인 신우와 싸움이 붙으면서 신우를 넘어뜨리고 발로 찼다. 왜 신우를 넘어뜨렸냐는 담임선생님의 질문에 찬혁이는 신우도 달리기를 못 해야 공평하다고 말한 것이다. 찬혁이에게 뭐라고 해야 할까? 포인트는 찬혁이의 화에도 흔들리지 않는 태도를 보이는 것이다.

"찬혁이가 화나는 일이 있었구나. 그런데 나는 네가 아무 이유 없이 그랬을 거라고 생각하지 않아. 분명 이유가 있었을 거야. 그 이유가 정말 궁금하다. 나는 기다릴 수 있어. 네가 말할 준비가 되면 그때 이야기해줄래?"

누군가 나를 믿어준다, 내가 왜 그랬는지 궁금해한다는 사실을 인지한 순간 아이의 마음은 차분해진다. 말할 준비가 될 때까지 기다려준다고 한 이유는, 아이도 시간이 지나면 감정이 지나간다는 것을 몸으로 느끼는 경험이 필요하기 때문이다. 누군가 도와주지 않아도, 물건을 던지고 소리를 지르지 않아도 지금 감정이 잠시 뒤에는 분명 가라앉는다는 사실을 몸으로 직접 겪어야 한다.

10분 정도의 시간이 지난 뒤, 아이는 이제 말할 준비가 되었다고 했다. 찬혁이는 안 그래도 다리를 다치는 바람에 달리기를 못 해 속상했다고 한다. 그런데 신우가 달리기 시합에서 1등을 하고는 보란 듯이 자랑하며 "너는 그러고 달리면 꼴등 하겠다"라고 놀리는 바람에 화가 났다는 것이다.

이야기를 들어보니 찬혁이가 화가 날 만도 했다. 그래도 신우를 넘어뜨리고 발로 찬 것은 분명히 잘못된 행동이었다. 이를 알려주고자 먼저 공평함과 앙갚음의 차이에 대해 찬혁이와 이야기를 나눴다.

"찬혁아, 이 책에 보면 공평한 건 어느 쪽으로도 치우치지 않은 상황을 이야기한대. 그러면 어떤 느낌이 들까?"

"그럼 기분 나쁘지는 않겠죠."

"맞아. 공평하면 서로 기분이 나쁘지 않을 것 같아. 반면 앙갚음은 다른 사람이 나에게 피해를 준 대로 나도 똑같이 피해를 주는 걸 말한대. 그럼 앙갚음을 하고 나면 기분이 어떨 것 같아?"

"기분이 좋지는 않을 것 같아요. 그런데 신우가 먼저 놀린 거란 말이에요!"

찬혁이는 아직 화가 가라앉지 않아 씩씩거렸다.

"그랬구나, 신우가 먼저 찬혁이를 놀린 거구나. 그럼 찬혁이도 많이 속상했겠네. 그런데 찬혁아, 이때 찬혁이가 정말로 하고 싶었던 말은 뭐였을까?"

찬혁이의 마음을 조금 더 깊숙이 들여다보고 싶은 생각에 던진 질문이었다.

"놀리지 말라고요. 안 그래도 다쳐서 속상한데 계속 놀리니까 짜증 나잖아요."

찬혁이는 신우가 정말로 다리를 다쳐서 달리기를 하지 못하길 바라는 마음이 아니었다. 자신을 그만 놀리길 원했을 뿐이다.

"그렇구나, 찬혁이는 신우가 그만 놀렸으면 좋겠다고 생각했구나. 그러면 그 마음을 신우도 알고 있을까?"

찬혁이는 아무 말도 하지 못했다.

"찬혁이가 동의하면 신우도 찬혁이의 이런 마음을 아는 게 좋겠어. 신우가 찬혁이를 먼저 놀렸다면 사과도 해야 하고. 어때?"

찬혁이가 고개를 끄덕거렸다.

"찬혁아, 선생님한테 솔직한 마음을 이야기해줘서 고마워. 찬혁이도 속이 많이 상했겠다. 그런데 화가 난다고 해서 친구에게 똑같이 앙갚음을 하는 건 잘못된 행동이야. 찬혁이의 솔직한 마음을 신우에게도 표현할 방법이 있거든. 우리 내일은 한번 그렇게 이야기해볼까?"

아이의 잘못된 행동에 대해서는 '그렇게 하면 안 돼'라는 한계를 지어줘야 한다. 이를 통해 아이는 나름 잘하고 싶었는데 잘못된 방법을 선택하는 바람에 원하는 대로 되지 않았다는 사실을 알 수 있다. 이를 아는 것만으로도 엄청난 학습이 되어 의미 있는 신경회로 경로를 남겨놓을 것이다.

단체생활에서 지켜야 하는 규칙, 공공예절같이 아이가 지켜야 하는 행동 역시 명확하고 단호하게 이야기해주어야 한다. 다만 "안 돼!"라고 말한 뒤에는 그 이유를 함께 설명해주는 것이 필수다.

"음식점에서 뛰어다니면 안 돼. 밥을 먹는 다른 사람들에게 방해가 될 수 있어."

"수업시간에 마음대로 돌아다니면 안 돼. 수업시간은 다른 친구들과 함께 공부를 하는 시간이야. 만약 화장실에 가고 싶으면 손을 들고 선생님한테 먼저 허락을 받아야 해."

그 행동을 해야 하거나 하지 말아야 할 이유를 충분히 구체적으로 제시해야 아이도 수긍하고 더 잘 따르게 된다.

아이의 감정조절을 위한
3단계 전략

　아이가 건강한 감정조절 능력을 기르기 위해서는 3단계가 필요하다. 우선 자신의 감정을 잘 인식하는 능력이 요구된다. 현재 어떤 상황인지 잘 파악해야만 감정의 지도를 올바로 그릴 수 있기 때문이다.

　둘째로 감정을 잘 표현할 수 있어야 한다. 무작정 참기만 하는 아이들에게 나는 감정을 풍선에 비유해서 설명한다. 감정이 건드려질 때마다 풍선이 점점 커진다고 생각해보자. 그런데 만약 바람이 빠져나갈 구멍이 없다면 어떻게 될까? 풍선은 줄어들 줄 모르고 커지기만 하다가 예고 없이 터져버린다.

　감정을 올바로 표현하지 못하는 아이는 계속 커지기만 하는 풍선을 가지고 있는 것과도 같다. 문제는 풍선의 주인인 아이도 언제 터질지 모른다는 것이다. 풍선을 든 아이도 그 아이를 바라보는 부모도 점점 초조해질 뿐이다. 그래서 아이에게 감정의 풍선에서 바람을 잘 빼낼 수 있는 방법을 알려주어야 한다.

마지막으로 감정을 전환할 수 있어야 한다. 부정적인 감정은 남겨 둔다고 해서 자연스럽게 사라지는 것이 아니다. 나름의 전략을 통해 감정을 긍정적으로 전환시키거나 부정적인 감정이 줄어들도록 노력을 기울여야 한다.

1단계 감정 이해하기

2단계 감정 표현하기

3단계 부정적 감정 전환하기

이러한 감정조절의 3단계에 맞춰 아이들의 감정조절을 돕는 전략도 3단계로 진행된다. 하나씩 살펴보도록 하자.

1단계. '화난' 게 아니라 '서운한' 아이
: 감정 이해하기

아이나 어른이나 "너무 슬퍼서 짜증나"라고 말할 때가 있다. 슬픈데 왜 짜증이 나는 걸까? 그것은 바로 슬픈 감정에서 벗어나고 싶기 때문이다.

사람들은 감정조절에 대해 말할 때 마치 게임을 하듯이 버튼을 누르면 부정적인 감정이 사라지고 긍정적인 감정만 느끼기를 바라는 경우가 많다. 머릿속에 스위치가 하나 있어서 나를 불안하게 하는 생각들을 꺼버렸으면 좋겠는데 그게 도무지 되지 않는다. 오히려 그런 생각에서 벗어나려고 할수록 불안감만 더욱 커질 뿐이다.

혹시 '백곰 실험'을 아는가. 지금부터 5초간 백곰은 전혀 생각하지 말아보자.

5, 4, 3, 2, 1.

자, 어땠는가? 이전에는 백곰을 떠올리지 않았는데, 백곰이라는 단어를 듣자마자 갑자기 백곰이 마구 생각났을 것이다. 이 실험을 주관한 사회심리학자 대니얼 웨그너 교수는 무엇을 하지 '말라'는 생각을 하면, 오히려 심리적 저항감이 생겨서 그 다짐이 계속 흐려지고 그 생각이 자꾸 떠오른다고 설명한다. 심리학에서는 이러한 현상을 '사고 억제의 역설적 효과' 또는 '칼리굴라 효과'라고 한다. '칼리굴라 효과'는 1979년 미국 보스턴에서 칼리굴라 황제의 생애를 그린 영화 〈칼리굴라〉의 상영을 금지하자 오히려 영화에 대한 관심이 폭발적으로 증가한 현상에서 비롯된 용어다.

내가 감정에 휘둘리고 싶지 않다고 해서 쉽게 조종할 수 있는 게 아니라면 부정적 감정을 아예 느끼지 못하는 건 어떨까? 인간의 뇌에는 기억과 감정을 관장하는 영역이 있다. 대뇌 변연계에 존재하는 편도체다. 아몬드 모양의 편도체는 우리가 싫어하는 공포와 불안을 처리하는 기관이다. 만약 편도체가 사라진다면 어떤 일이 일어날까?

과학자들은 생쥐 실험을 통해 공포와 불안을 느끼지 않을 경우 어떤 일이 벌어지는지를 알려주었다. 그들은 일반 생쥐와 편도체를 제거한 생쥐를 각각 실험상자에 넣었다. 정상 생쥐는 고양이 배설물과 털이 담긴 실험용 용기를 피한 반면, 편도체를 제거한 생쥐는 고양이 배설물과 털에도 당황하지 않고 뱀을 봐도 도망치지 않았다. 그리고 자유롭게 돌아다니던 생쥐는 결국 뱀에게 잡아먹히고 말았다. 불안과 공포감이 사라진 탓에 뱀을 봐도 '피해야겠다'는 생각이 들지 않았던 것이다. 불안과 공포라는 감정이 필요한 이유가 바로 여기에 있다. 부정적인 감정이든, 긍정적인 감정이든 모두 꼭 필요하다.

우리는 감정에서 벗어날 필요가 없다. 더 명확하게 말하자면 우리는 감정에서 벗어날 수 없고 벗어나서도 안 된다. 그렇다면 감정을 어떻게 대해야 할까? 심리학자 캐서리나 커캔스키(Katharina Kircanski)는 감정을 회피하지 말고 제대로 바라보는 것이 중요하다고 말한다. 커캔스키와 그의 동료들은 거미공포증을 겪는 88명의 참가자들을 네 개 집단으로 나누고 서로 다른 방법을 제안했다.

그룹 1 거미를 보면서 느끼는 부정적인 감정 말하기

("끔찍한 타란툴라가 나에게 달려들까봐 걱정돼")

그룹 2 거미를 부정적으로 느끼지 않기 위해 중립적인 단어 말하기

("작은 거미를 보는 건 무서운 일이 아니야")

그룹 3 거미를 보며 아예 다른 이야기 하기

("이 방에는 테이블과 의자가 있어")

그룹 4 통제집단(아무런 처치도 하지 않음)

이러한 연습을 하루에 열 번씩 일주일간 하게 했다. 이후 연구팀은 참가자들에게 거미를 보여주고 손에 땀이 얼마나 나는지 등을 확인했다(신체공포반응 체크). 실험 전에 비해 그룹 1의 신체공포반응이 다른 집단보다 유의미하게 감소했다. 더욱 흥미로운 지점은 거미를 보며 부정적인 감정단어를 더욱 많이 표현한 사람일수록 그 효과가 컸다는 것이다.

이 실험이 의미하는 바는 무엇일까? 자신의 감정을 명확히 인식해야 감정에 지배받지 않고 감정을 처리할 여유가 생긴다는 사실이다. 거미에게서 느낀 부정적인 감정을 마음껏 표현한 참가자는 그렇지 않은 사람들보다 자신의 감정을 더 많이 알고 있었다. 자신의 감정을 잘 알고 있었기 때문에 더 많은 감정단어로 표현할 수 있었던 것이다.

요리할 때 무엇을 가장 먼저 하는가? 나는 인터넷에서 레시피부터 검색한다. 어떤 재료들이 얼마나 들어가야 하는지를 파악해야만 유명 셰프 부럽지 않은 일품요리를 만들 수 있기 때문이다. 느낌대로 조리하다가는 난생처음 먹어보는 맛을 경험할지도 모른다. 요리를 하려면 재료를 확실히 알아야 하는 것처럼, 감정을 올바로 조절하기 위해서는 자신의 감정을 제대로 인식하는 것이 필요하다.

아이에게 감정을 설명할 때 신호등을 활용하면 좋다. 빨간 신호등이 '멈춰'라는 신호를 주듯이, 감정 역시 우리에게 신호를 주기 때문에 이를 잘 알아차려야 한다고 알려주는 것이다. 예를 들어보자. 시험을 앞두고 '아, 내일 시험인데 망치면 어쩌지?'라고 불안을 느끼는 것은 어떤 신호일까? 이러한 불안에는 '아, 시험을 잘 봤으면 좋겠다'라는 간절함이 담겨 있다. 시험을 잘 보고 싶은데 혹시라도 실수할까봐, 기대한 성적이 나오지 않을까봐 불안해하는 것이다. 이때 '아, 이러다 잠도 못 자면 내일 시험도 못 볼 텐데. 왜 이렇게 초조해하는 거야'라며 불안해하는 스스로를 채찍질한다고 해서 잠이 올 리 없다. 이때는 '내가 시험을 잘 보고 싶어서 불안한 거구나. 열심히 노력했으니까 잘할 수 있을 거야'라며 불안한 내 마음을 제대로 알아주고 다독여줘야 한다.

나는 상담을 할 때 사람이 문제가 아니라 문제가 문제라고 생각한다. 즉 문제 덩어리를 안고 상담실로 찾아온 아이가 마치 자신이 문제 같다고 호소할 때, 그 문제 덩어리들을 분리해주고 아이가 객관적으로 상황을 바라보게 돕는 것이 상담의 과정이라고 생각한다.

어느 날 짜증이 불쑥불쑥 나서 자신이 미친 것 같다며 상담실로 찾아온 아이가 있었다. 이야기를 들어보니 친구들이 게임에 끼워주지 않고 무시해서 서운했지만, 친구들 앞에서는 '쿨한' 모습을 보여야 한다는 생각에 속마음을 꾹꾹 누르기만 했다고 한다. 이런 상황이 지속되자 자신도 모르게 서운한 감정이 짜증으로 불쑥불쑥 표현되었던 것이다.

아이의 이런 모습을 보고 담임선생님과 부모님은 '그러지 말라'고 했단다. 아이는 당연히 자신도 그러고 싶지 않다고 했다. 하지만 도저히 참을 수가 없다면서, 아무래도 자신이 미친 것 같다고 했다. 사실 이 아이는 '미친' 것이 아니라 자신의 마음을 알아주지 않는 주변 사람들에게 '지친' 것이다. 그러지 말라는 말은 지친 아이의 입을 막아 버렸다. 이럴 때는 감정을 억압하는 대신 감정을 잘 관찰할 수 있도록 도움을 주는 것이 중요하다.

2단계. 감정에 이름을 붙여주자
: 감정 표현하기

감정을 제대로 바라보게 되면, 다음 단계는 그렇게 마주한 감정을 올바로 표현하는 연습이다. 감정을 표현하는 첫 번째 방법은 감정에 이름을 붙이는 것이다. 아이들에게 화를 낸 이유에 대해 물어보면 "그냥요", "짜증이 나서요"라며 자신의 '겉감정'을 말하곤 한다. 사실 "왜 화가 났냐?"라는 질문을 받고 자신의 '속감정'을 단번에 파악하기란 쉽지 않다. 아이는 화가 나기는 했지만 서운해서 그런 건지, 두려워하는 일이 일어날까봐 걱정돼서 그런 건지 구분하기가 참 어렵다.

이때 감정에 이름을 붙이는 작업은 자신의 '속감정'을 이해하는 데 도움이 된다. 자신의 마음이 무엇인지 알기 전에는 혼란스럽기만 했는데 '속상하다', '서운하다', '외롭다'라고 감정에 이름을 붙이면서 비로소 그 정체가 이해되는 것이다. 아이의 눈높이에 맞추기 위해서 '소심이', '버럭이', '기쁨이'처럼 감정을 의인화해서 바라볼 수 있도록 돕는 방법도 있다.

> 나 　제훈아, **아까 버럭이가 나타난 이유는 무엇일까?**
>
> 제훈 　제가 싫다고 했는데도 짝꿍이 계속 새로 산 시계를 차보고 싶다고

하잖아요.

나   제훈이는 짝꿍이 말을 안 들어줘서 **화가 났구나.** 짝이 새로 산 시
        계를 망가뜨릴까봐 **걱정도 됐나 보다.**

제훈   네. 이번에 망가지면 엄마가 다시는 안 사준다고 했단 말이에요.

나   그랬구나. 정말 걱정이 많이 됐구나. 그러면 **제훈이의 마음을 어떻
        게 표현할 수 있을까?**

제훈   망가질까봐 걱정돼. 그러니까 내 시계 차지 마. 이렇게 말하고 싶
        어요.

이때 주의할 점은 감정을 평가해서는 안 된다는 사실이다. "버럭이
가 왜 자꾸 나올까? 버럭이는 좋지 않아", "짜증이 난다고 해서 짜증
을 내면 안 돼" 같은 말을 들으면, 공감받지 못했다는 생각에 아이는
더 이상 감정을 나누고 싶어 하지 않는다.

다음으로 '감정스캐닝'을 들 수 있다. 감정스캐닝은 타인이 아이의
모습을 구체적으로 말해줌으로써 스스로 자기 자신의 모습을 바라볼
수 있도록 돕는 방법이다. 특히 아이가 분노를 표출하는 상황에서 바
로 사용할 수 있다는 장점이 있다. 아이의 눈을 바라보면서 이렇게 이
야기해보자.

"재범아, 우리 눈을 보면서 이야기할까? 얼굴도 빨개지고 주먹도
꼭 쥐고 있는 걸 보니까 단단히 속상한 일이 있었나 보구나. 무슨 일
일지 궁금하다."

현재의 모습을 그대로 말해준 것뿐인데도 아이는 상대가 마음을 읽어주었다는 느낌을 받게 된다. 속상한 이유를 궁금해하는 모습을 통해 위로를 받았다고 느낀다. 이러한 이야기를 듣는 것만으로도 감정이 편안해지는 것이다.

마지막은 '감정카드로 질문하기'다. 감정카드는 다양한 단어를 통해 아이가 감정을 돌아보도록 돕는다. 이때 아래 두 가지 질문을 해본다면 감정카드를 좀더 다양하게 활용하면서, 아이의 감정을 효과적으로 조절할 수 있다.

> ① 아까 그 상황에서 느꼈던 세 가지 감정은 무엇일까?
> ② 그 상황에서 정말로 가지고 싶었던 세 가지 감정은 무엇일까?

감정을 세 가지나 고르게 하는 데는 이유가 있다. 우리가 어떠한 상황에서 느끼는 감정은 사실 한 가지가 아니다. 하지만 주로 떠오르는 감정만 인식하다 보니 그 감정이 전부라고 생각해버린다.

예를 들어 자신이 활동지를 가져오지 않았다는 이유로 모둠활동에 끼워주지 않은 친구들에게 버럭 화를 내며 친구들의 활동지를 찢어버린 소희의 경우를 살펴보자. 소희는 1차적으로는 화나는 감정이 가장 먼저 떠올랐지만 친구들이 내 마음을 알아주지 않은 서운함, 활동지를 가져오지 못해 미안한 마음 등도 존재할 수 있다. 만약 소희가 화뿐 아니라 다른 감정도 분명히 존재한다는 사실을 알게 되면, 자신의 다양한 감정을 올바로 표현하기 위한 방법을 고민할 수 있을 것이다.

두 번째로 정말로 가지고 싶었던 감정을 떠올리는 이유는, 그것이 바로 아이의 진짜 속마음일 수 있기 때문이다. 소희는 화가 났다며 친구들의 활동지를 찢어버렸지만 사실은 친구들과 모둠활동을 잘해서 '신나고' '편안한' 감정을 가지고 싶었을지도 모른다.

이 마음을 알아가는 과정에서 아이는 자신의 긍정적인 의도를 알아차리게 된다. 그리고 잘못된 행동에 대해 부끄러워하고 다음에는 자신의 좋은 마음을 잘 보여주고자 노력하게 된다. 그동안에는 친구들의 활동지까지 찢어버린 자신의 행동에만 집중한 나머지 스스로 나쁜 아이라고 생각했는데, 이 생각에 변화가 일어나는 것이다.

3단계. '긍정적 타임아웃'의 효과
: 부정적 감정 전환하기

지금까지 부정적인 감정을 말하지 않고 묵혀둔다고 해서 발효가 되지는 않는다는 사실을 살펴보았다. 하지만 그렇다고 부정적인 감정을 다 표현할 수도 없는 노릇이다. 감정을 잘 이해하고 표현할 수 있는 부분은 표현하되, 남은 감정을 잘 처리하는 과정이 필요하다. 감정 조절을 돕는 마지막 단계는 '부정적 감정 전환하기'다.

"선생님, 상희가 계속 저를 째려보는 것 같아요."

도연이가 울상을 지으며 말했다. 상희랑 싸운 것도 아닌데 이상하게 자기를 계속 쳐다보면서 다른 친구들과 귓속말을 하는 것 같다고 했다. 상희가 한 친구의 험담을 한 적이 있는데 이번에는 자신에게 그러는 듯하다고 걱정하기도 했다. 게다가 도연이는 상희와 상담실에서 같이 이야기를 나누고 싶어 했지만, 상희는 그러고 싶지 않다고 거절한 상황이었다. 자신은 도연이에게 다른 감정이 없다는 것이다. 이럴 때 도연이를 어떻게 도와줄 수 있을까?

반에서 모두와 사이좋게 지내면 가장 좋겠지만, 때로는 나와 맞지 않는 친구도 있는 법이다. 모든 아이들과 잘 지내려고 애쓰거나 스트레스를 받을 필요는 없다. 만약 도연이가 '그냥 상희를 보지 말아야겠어. 볼 때마다 괜히 신경 쓰이잖아'라고 스스로 생각할 수 있다면, 이것도 매우 성공적인 감정조절 전략이라고 볼 수 있다.

도연이가 상희를 보지 않는다고 해서 도망치거나 회피하는 것은 아니다. 오히려 스스로를 보호하기 위한 방어벽을 치는 것이다. 아이들은 그 누구보다도 나를 먼저 보호할 줄 알아야 한다. 그래야 자신뿐 아니라 다른 사람도 돌볼 수 있는 여유가 생긴다. 하지만 그렇다고 엄마나 아빠가 나서서 "그냥 상희랑 놀지 마"라고 이야기하는 것은 썩 좋은 방법이 아니다. 이럴 때는 도연이의 생각을 전환시켜주는 것도 도움이 된다.

"상희가 다른 친구들 뒷담화를 한 적이 있었구나. 그런데 도연아, 그럴 때 상희의 표정은 어땠어? 마음이 편안해 보였니?"

나의 질문에 도연이는 고개를 저었다.

"아니요. 상희는 매일 얼굴을 찌푸리고 있어요."

"그렇구나. 다른 사람 흉을 보면, 사실 내 기분도 안 좋기 마련이거든. 상희도 마음이 참 불편했겠다. 선생님도 마음이 좋지 않네. 상희 마음도 편안해지면 좋겠는데."

도연이의 눈이 동그래졌다. 그동안은 자기 욕을 하는 것 같은 상희가 밉기만 했는데, 이제는 상희도 마음이 불편할 수 있겠다는 생각이 들어서다.

"선생님, 그러면 이제 상희가 저를 볼 때마다 '상희는 왜 나한테 말도 못 하고 마음이 불편한 걸까? 마음이 편안해지면 좋겠다'라고 생각해볼까요?"

"어머, 그거 정말 좋은 생각이다! 상희 마음이 편안해지면 친구들 흉을 보는 일도 줄어들지 않을까?"

일주일이 채 지나지 않아 도연이가 웃으면서 나를 찾아왔다.

"선생님, 상희가 저한테 먼저 인사했어요. 요즘 저한테 되게 잘해줘요."

나 역시 깜짝 놀란 변화였다. 상희에게 특별한 이야기를 한 것도 아닌데, 어떻게 갑자기 행동이 변한 걸까? 사실 상희는 달라지지 않았다. 변한 것은 도연이의 태도였다. 상희에 대한 생각을 바꾸면서 가장 먼저 도연이의 마음이 편안해졌다. 그러다 보니 도연이의 행동도 편안해졌다. 그동안은 상희 눈치를 보느라 행동도 위축되고 표정도 굳어 있었는데, 이제는 상희를 신경 쓰지 않고 다른 친구들과 재미있게 놀 수 있었다.

당당해진 도연이의 모습을 보고 상희는 갸우뚱했을지도 모른다. 그리고 자신감 넘치고 밝은 도연이와 친해지고 싶은 마음이 들었을지도 모른다. 정확한 심경은 알 수 없으나, 도연이의 달라진 태도가 상희의 마음에도 변화를 불러왔다는 사실만은 분명해 보인다.

　감정을 전환하는 데 효과적인 또 다른 방법으로 '긍정적 타임아웃'을 들 수 있다.

　"선생님, 저 배가 아픈데요. 텐트에 가서 조금 쉬다 올게요."

　수업시간에 훈석이가 꺼낸 말이었다.

　"응? 텐트? 보건실이 아니라?"

　내가 당황하는 표정을 보이자 다른 아이들이 설명해줬다.

　"선생님, 우리 교실에 힐링 텐트가 있거든요. 거기서 쉬다가 다시 자리에 앉으면 돼요."

　그러고 보니 교실 뒤쪽에 예쁜 텐트가 하나 있었다. 아이들이 몸이 안 좋거나 마음이 힘들어 수업에 제대로 참여할 수 없을 때를 대비해 담임선생님이 마련한 쉼터였다. 이 반 아이들은 친구와 싸웠거나 기분이 좋지 않으면, 학급의 규칙에 따라 한 명씩 텐트에 들어가서 담요를 덮고 누워 있거나 책을 보며 마음의 휴식을 취한 뒤 다시 자리에 앉았다.

　화가 단단히 났을 때, 어떻게 해소하는가? 나의 경우 편안한 음악을 들으며 휴식을 취하거나 주변을 산책한다. 스스로에게 잠시 시간을 주면서 마음을 가라앉히면 상황을 더욱 명확하게 볼 수 있기 때문이다. 아이들에게도 이런 '타임아웃'이 필요한데, 훈석이네 담임선생님이 사용한 방법은 바로 '긍정적 타임아웃'이었다. 선생님은 예쁜 텐트를 설치한 뒤 학급회의를 통해 이용규칙을 정했다. 아이들은 마음을 돌볼 시간이 필요할 때 선생님께 미리 양해를 구하고 텐트에서 긍정적 타임아웃을 누릴 수 있었다. 스스로에게 위로를 건네는 짧은 시간을 통해 지치고 힘들었던 마음이 곧 충전되었다.

몸을 움직이면서 안 좋은 기분을 흘려보내는 것 역시 좋은 방법이다. 축구, 달리기, 춤추기 등 몸을 움직이는 활동을 통해 생각을 잠깐 멈추고 주의를 전환할 수 있다. 미국 불안증 및 우울증 협회의 공식 저널에도 1년에 평균 9.2주간, 일주일에 세 차례씩 45분 동안 중등도의 유산소 운동을 한 것이 항우울제를 복용하거나 심리치료를 받은 것과 비슷한 효과를 냈다는 연구 결과가 게재됐다. 몸을 움직이며 땀을 배출하는 것은 내 안에 쌓인 부정적인 마음을 흘려보내는 데 틀림없이 효과가 있는 것으로 보인다.

기분이 좋아지는 나만의 활동목록을 만드는 것도 감정전환에 도움이 된다. 엄마 아빠에게는 아무 감흥이 없는 아이돌 노래를 30분 동안 듣는 것만으로도 아이는 행복할 수 있다. 자신이 무엇을 하면 기분이 좋아지는지 알고 그것을 실천하는 것만으로도, 아이에게는 매우 자기주도적인 감정조절 전략이 된다는 사실을 기억하자.

천릿길도 한 걸음부터다. 평생 감정과 함께 살아가야 하는 아이에게 감정을 조절하는 법을 배우는 일은 단연코 쉽지 않다. 그 엄청난 것을 해내는 아이 곁에서 차근차근 함께해주는 응원이 필요한 이유다.

'산만한' 게 아니라 '호기심이 많은' 것, '예민한' 게 아니라 '섬세한' 것이다

"주위 사람들은 열이면 아홉은 내가 문제라고 했다. 나를 게으르고 한심하다고 여겼고 그래서 나는 '문제아'라는 단어를 가장 많이 들었다. 부모님과의 면담자리에서 아들의 미래에 너무 큰 기대를 걸지 말라는 식으로 이야기했던 학교 담당자도 한둘이 아니었다. 이 상황을 해결하고자 나도 처음엔 다른 사람과 똑같이 되려고 애써봤지만 아무리 해도 엉망으로 끝나기 일쑤였다. 수업마다 낙제했고 어떤 일을 시작해도 진득하게 붙어 있지 못했다. 나는 도저히 안 되겠다 싶어서 시스템에 나를 끼워 맞추려는 노력은 그만하고 시스템을 나에게 맞출 방법을 고민하기 시작했다. 이 방법은 효과가 있었다. 덕분에 나는 고등학교를 중퇴하고 15년 뒤에 하버드대학교 교육대학원의 교수가 되었다."

『평균의 종말』의 저자이자 ADHD로 고등학교를 자퇴한 토드 로즈 하버드대 교수의 이야기다. 그가 인생 반전 스토리를 맞이할 수 있었던 비결은 무엇이었을까? 그의 곁에는 그의 모습대로 인정하고 격려해준 부모님이 있었다.

사고뭉치 아이가 하버드대 교수가 된 비결

"선생님, 저도 속상하고 답답해요……"

지헌이가 한숨을 내쉬었다. 집에 가면 엄마가 "오늘은 안 돌아다녔어? 선생님한테 혼나진 않았어? 조용히 앉아서 책 봤어?"라고 검사하는 통에 학교가 끝나도 즐겁지 않다는 것이다. 지헌이 어머니의 마음도 충분히 이해되었다. 주의력이 부족하고 산만한 아이를 보면 속이 타들어갈 것이다. 말도 해보고 혼도 내봤는데 아무것도 통하지 않는 느낌이 들기 때문이다.

하지만 어른들만 답답한 게 아니다. 아이도 속상하고 답답하다. 선생님에게 매번 집중하라며 혼나고 엄마에게는 추궁을 당하는 듯한 질문을 들으니, 지헌이는 자신이 '비정상'이라는 생각마저 든다고 했다.

아이가 갑자기 학교에 가기 싫다고 하거나 우울해하면 어떤 태도를 보이는가? 혹시 친구관계에 어려움이 있지는 않은지, 무슨 고민이 있는지 다각도로 살펴볼 것이다. 그런데 주의력이 부족하고 산만한 아이들에 대해서는 유독 엄격하고 높은 기준을 적용한다. "너는 왜 이렇게 가만히 있지 못하는 거야!"라며 혼내고 다그치기 일쑤다.

토드 로즈 교수 역시 마찬가지였다. 그는 선생님과 친구들에게 '낙오자', '문제아', '타고난 게으름뱅이'라는 말을 밥 먹듯이 들었다. 하지만 로즈를 변화시킨 것은 꾸지람과 처벌이 아니었다. 그는 자신을 향한 손가락질을 이겨내기 위해서 공부를 열심히 한 것이 아니었다고 말한다.

그에게는 자신을 인정하고 정서적으로 지지해준 부모님이 있었다. 로즈의 어머니는 아들의 상태를 제대로 이해하기 위해 관련 서적을 찾아 읽고 열심히 공부했다. 그리고 "너는 좋은 사람이 될 거다"라며 칭찬과 격려를 아끼지 않았다. 로즈의 아버지 역시 "실수는 누구나 하는 것이고 그다음에 어떻게 대처하느냐가 중요하다"라고 조언하곤 했다. 로즈가 실패하는 이유는 게을러서가 아니라 쉽게 지루함을 느끼기 때문이라면서, 실패를 지적 도전의 기회로 여길 수 있도록 격려하고 응원해줬다.

부모의 응원과 조언에 자신감이 생긴 그는 대학의 야간강좌를 듣기 시작했고, 자신이 흥미를 느끼는 공부를 선택하여 재미를 맛보았다. 그동안 로즈는 주변의 시선을 따라 자기 자신을 문제아라고 생각했다. 하지만 그 틀에서 벗어나 자신의 모습을 인정하고, 흥미를 느끼는 분야를 발견하자 열정이 생겼다. 그 모습에 대학의 교수들은 그를 훌륭한 학생으로 대했고, 이는 연구조교로 채용하거나 하버드대학원에 추천해주는 일로 이어졌다. 결국 로즈는 고등학교를 중퇴한 지 7년 만에 하버드대에 입학했다.

주의력이 부족하고 산만한 아이들이 단점으로 가득 찬 것은 아니다. 산만한 아이는 호기심이 왕성하고 창의력이 발달했다는 장점도 있다. 미국 멤피스대학교와 미시간대학교 연구진은 ADHD가 있는 성인군이 정상 대조군보다 확산적 사고와 관련된 과제에서 더 높은 수행 결과를 보인다는 사실을 발견했다.

창의성과 관련된 활동들이 확산적인 사고 능력을 요구한다는 점을 감안했을 때, 산만함이라는 특성이 오히려 더 높은 창의력과 활발한 탐색 능력을 유도하여 사회에서 강점으로 작용할 수 있다는 사실을 보여주는 결과다.

물론 산만한 아이들을 방치하고, ADHD로 진단된 아이들을 치료하지 말자는 이야기는 아니다. 아이의 특성을 제대로 이해하고 적극적으로 도와주는 것이 중요하다. 하지만 이때 아이가 가지고 있는 문제점에만 주목하면 의도와 다르게 아이를 '문제아'로 낙인찍을 수 있다. 아이의 특성을 면밀히 관찰하고 지속적으로 소통하여 긍정적인 특성을 잘 살려주는 것이 중요하다.

엄마의 용기가
아이의 내일을 밝힌다

"도대체 몇 번을 말해야 알아듣는 걸까요?"

지헌이 어머니가 답답함을 토로했다. 내가 며칠 전 산만한 지헌이에게 주었던 미션은 스스로 방 정리하기였다. 주의력이 부족하고 산만한 아이의 경우, 직접 정리를 하며 환경과 습관을 구조화하는 것이 중요하기 때문이다. 하지만 지헌이의 노력은 이틀만 반짝하고 사라 졌다.

"제가 기대를 한 게 잘못이죠. 첫째 날 괜히 칭찬을 해줬나 봐요."

어머니는 이내 예전의 모습으로 돌아와 방을 어질러놓은 지헌이에 게 실망한 나머지 "네가 그러면 그렇지, 지금 방 꼴이 이게 뭐야! 다시 치우지 못해?"라고 소리를 쳤다고 했다. 물론 어머니의 마음도 충분 히 이해가 된다. 변화가 있는 것 같았고 심지어 며칠 전에는 담임선생 님께 칭찬도 들었는데 갑자기 '원래대로' 돌아온 모습을 보이니 좌절 감이 심해진 것이다.

하지만 사실 지헌이는 예전의 모습으로 '리셋'된 것이 아니었다. 여 느 아이들처럼 보드게임에 푹 빠진 나머지 방 정리를 잠깐 잊었을 뿐 이었다. 그런데 엄마가 크게 화를 내니 아이는 당황스러웠고 좌절감 마저 밀려들었다.

"정리해봤자 뭐해요. 엄마한테 혼나기만 하는데. 엄마는 이게 정리 냐고 한단 말이에요!"

지헌이는 잔뜩 속이 상한 나머지 그동안 재미있게 했던 미션들이 이제는 하고 싶지 않다고 했다.

아이의 변화를 돕기 위해 가장 중요한 것은 변화에 대한 긍정적인 믿음과 격려다. 참을 인(忍) 자를 삼십 번은 그어야 하는 인내심과 기 다림이 필요한 법이다. 하지만 우리는 그러한 기다림을 힘들어한다. 이쯤 되면 아이가 변해야 하는데 도무지 변화가 일어나지 않아 답답하고 초조하다.

'이게 맞는 걸까? 다른 걸 해봐야 하는 건 아닌가?'

이런 생각이 들면서 아이를 채근하게 된다. 주의가 산만하고 충동적인 아이들에 대한 시각은 다양하다. 한편에서는 ADHD를 재능으로 인식하고 에디슨의 유전자를 가지고 있다고 주장하며, 다른 한편에서는 그러한 시각에 불편한 시선을 보내고 있다. 아이가 산만하고 충동적인 이유가 부모의 양육태도 때문이 아니냐는 곱지 않은 시선도 존재한다.

하지만 최근에 소개된 연구에 따르면 ADHD는 성격이나 양육태도의 문제가 아닌 '뇌 신경회로상의 문제'라는 데 의견이 모아지고 있다. 또한 최근 아이들이 많이 노출되는 게임이나 영상매체가 ADHD를 유발한다고 보기보다는 ADHD로 진단될 경우 이러한 환경이 부정적인 영향을 줄 수 있다는 의견이 존재한다.

결국 중요한 것은 아이의 상태를 올바로 인지하여 그에 맞는 도움을 주는 것이다. 수영의 황제 마이클 펠프스는 일곱 살에 ADHD로 진단받았다. 잠시도 가만히 앉아 있지 못하던 그가 뛰어난 집중력을 발휘하여 올림픽 역사상 가장 뛰어난 기록을 세우고 가장 많은 메달을 딴 비결은 무엇이었을까?

바로 그의 상황을 명확하게 인지하고 에너지를 바람직한 방향으로 전환했던 것이다. 그는 어린 시절 옆의 친구를 시도 때도 없이 건드려서 말썽을 일으켰다. 또한 조그만 소리에도 쉽게 반응하고 산만한 모습을 보이기 일쑤였다. 이러한 특성을 발견한 어머니는 아들의 집중력을 길러주기 위해 수영을 선택했다. 물속에서 수영을 하다 보면 주위의 자극이 잘 들리지 않아 쉽게 집중할 수 있기 때문이다. 처음에는 물을 두려워했지만 어머니의 끊임없는 격려와 코치의 체계적인 도움으로 펠프스는 수영을 즐기게 되었다. 타고난 노력파로도 알려진 그는 매일같이 10~11킬로미터를 훈련했고, 7학년이 되던 해 ADHD 약물을 복용하지 않고 스스로 증상을 컨트롤할 수 있게 되었다.

만약 마이클 펠프스의 어머니가 산만했던 그를 움직이지 못하게 하고 혼만 냈다면, 그는 지금과는 전혀 다른 삶을 살고 있었을지도 모른다. 아들이 다른 아이들과 다른 특성을 가졌다는 사실을 인정했던 어머니의 용기는 펠프스가 수영을 배울 수 있도록 이끌었다. 때로는 아이를 바라볼 때에도 용기가 필요한 법이다. 산만한 아이를 도와줄 수 있는 구체적인 방법을 살펴보자.

💬 "와, 정말 잘했어!" 긍정적인 피드백의 반복

반복되는 지적으로 인해 자신을 부정적으로 생각하는 아이들은 자존감이 낮아질 수 있다. 긍정적인 피드백을 통해 '나도 해보니까 되는구나'라는 생각을 가질 수 있도록 도와주자.

"와, 장난감을 스스로 정리했구나. 정말 잘했어."

"오늘 알림장을 정말 잘 써 왔구나. 번호를 써서 이렇게 정리하니까 좋네. 엄마도 알아보기가 쉬워."

이렇게 아이가 노력한 부분에 대해 충분히 인정하고 격려해주는 것이 중요하다.

⋯ 아이의 일상을 구조화해주자

'집에 오면 손을 씻은 뒤 옷을 갈아입고 책가방을 정리한다', '간식을 먹은 후에는 알림장을 확인해서 숙제를 한다', '숙제를 다 한 뒤에는 TV를 볼 수 있다' 등으로 아이가 지킬 규칙을 함께 정하자. 그리고 아이가 스스로 규칙을 지키며 습관화할 수 있도록 도움을 주는 것이 중요하다.

⋯ 아이에게 '유능감'을 심어주자

ADHD로 진단된 아이들은 수업시간에 집중을 하는 것을 힘들어하기 때문에 학습에 곤란을 겪을 수 있다. 아이가 어려워하는 부분이 있다면 이해하기 쉽게 설명해주자. 아이의 수준에 맞는 문제를 스스로 풀어보고 성취감을 느끼는 과정을 통해 '유능감'을 가지도록 도와주자.

아이가 산만한 모습을 보이거나 ADHD로 진단된 경우 부모는 불안할 수밖에 없다. 하지만 지금 이러한 상황에서 가장 불안하고 힘든 사람은 바로 아이라는 사실을 잊지 말자.

마음과는 다르게 자꾸 다른 생각이 나고 다른 행동을 하게 되어 아이 역시 불안하고 답답하다. 아슬아슬한 외줄을 타며 불안해하는 아이의 손을 잡고 함께 있어주자. 지금 아이에게 필요한 것은 자신을 바라봐주는 따뜻한 시선이다.

세모는 세모 나름,
동그라미는 동그라미 나름이다

"선생님, 오늘 주현이가 또 소리를 지른 것 있죠. 저는 이제 애들이 조금만 시끄러워져도 주현이 눈치를 보게 돼요. 아이들한테 계속 소리를 지르는 통에 교실 분위기도 더 안 좋아지는 것 같고요. 아이들도 슬슬 주현이를 피하는 것 같아서 걱정이에요."

주현이는 자극에 민감한 아이다. 특히 청각에 예민한 모습을 보여 교실에서 아이들이 떠들면 쉽게 스트레스를 받는다.

"선생님, 교실이 얼마나 시끄러운지 아세요? 애들은 얼마나 개념 없이 떠드는데요. 엄마는 제가 너무 예민해서 그런 거라고 하는데 그 말도 이젠 듣기 싫어요. 이렇게 태어난 걸 어떻게 하라고요."

산만한 아이뿐 아니라 예민한 아이도 어른들의 걱정을 사곤 한다. 하지만 사실 '예민하다'는 말의 뜻은 그리 부정적이지 않다. 사전적인 정의를 찾아보면 '예민하다'는 '무엇인가를 느끼는 능력이나 분석하고 판단하는 능력이 빠르고 뛰어나다'는 의미다. 그런데 우리는 은연 중에 '예민하다'는 말을 부정적인 뉘앙스로 사용한다. 마치 정상 범주에서 벗어나 과민반응하는 모습이라고 생각하는 듯하다.

그런데 정상 범주라는 것이 과연 존재할까? 세상에 좋고 나쁜 기질은 존재하지 않는다. 타고난 기질을 없애고 다른 방향으로 바꾸려는 것은 아이에게 '너의 모난 부분을 깎아서 둥글게 만들자'면서 세모보다 동그라미가 더 좋다고 알려주는 것과 같다. 하지만 세모는 세모 나름, 동그라미는 동그라미 나름이다. '다른' 것을 '틀리다'며 바꾸려고 하는 것은 아이에게 '네가 부적절하다'는 메시지를 주입하는 일이 될 수 있다.

"선생님, 주현이가 꼭 짜증만 많은 아이는 아니에요. 지난번 제 생일에는 제가 좋아하는 벚꽃을 잔뜩 그려서 선물해줬어요. 제가 지나가면서 한번 이야기한 것인데 그걸 기억했더라고요. 그리고 눈치도 빨라서 제 기분이 어떤지 아주 잘 파악해요. 남편도 알아채지 못하는 걸 주현이가 먼저 알아채더라고요."

주현이 어머니가 조심스럽게 이야기를 꺼냈다. 사실 이는 조심스럽게 이야기할 부분이 아니다. 예민한 아이들이 가지고 있는 분명한 장점이다. 주현이 어머니의 말처럼 눈치가 빠르고 기억력이 좋은 것은 매우 좋은 장점이다. 예민한 아이는 몸의 감각도 그만큼 민감하기 때문에 다른 사람의 감정을 잘 포착하고 상황판단도 매우 빠르다.

나와 상담을 하는 날에도 주현이는 섬세한 모습을 자주 보였다. 내가 지쳐 있으면 그런 상태를 한눈에 파악해서 상담실 문을 나가기 전에 나를 꼬옥 안아주며 "선생님, 힘내세요!"라는 말을 하는, 마음이 참 따뜻한 아이였다.

물론 때로는 이러한 장점이 독이 되는 순간도 있다. 눈치가 너무 빠르다 보니 생각을 '점프'해버리는 순간들이 발생하기도 한다. 주현이는 친구들이 수군거리는 모습을 보고 '혹시 내 이야기를 하는 것 아니야?'라며 스트레스를 받았다. 친구들이 다른 이야기를 할 수도 있는데 '내 이야기를 하는 것이 분명해'라고 빠르게 판단하고 믿어버렸다.

예민한 아이들은 자신의 추측이 맞았던 과거의 경험을 근거로, 느낌대로 신호를 해석하는 경향이 강하다. 그래서 스트레스에 쉽게 노출되기도 한다. 그러므로 아이가 예민한 기질을 보다 적응적으로 발휘하도록 돕는 것이 중요하다.

오해는 그만!
아이의 '생각점프' 예방하기

예민한 아이들은 '생각점프'를 하는 바람에 어려움이 발생한다고 했다. 아이의 생각점프를 예방하는 방법을 살펴보자.

💬 '사실'과 '의견'의 차이를 알려주자

아이가 자신의 생각이 '사실'인지 '의견'인지 점검해보는 것이 필요하다. 이른바 '사실과 의견 게임'을 통해서 말이다. 서로 한 문장씩 말하고 이것이 사실인지 의견인지 빠르게 대답해보는 게임이다.

예를 들어 '한국의 수도는 서울이다'라고 하면 빠르게 '사실!'이라고 해야 한다. 그리고 '아이스크림은 맛있다'라고 말하면 빠르게 '의견!'이라고 외쳐야 한다. 이렇게 각자 문장을 말하고 빠르게 사실인지 의견인지 판단하는 게임을 하면, 아이는 자연스레 사실과 의견을 구분하는 법을 배우게 된다. 나는 아이스크림이 맛있지만 내 옆의 친구는 맛없을 수도 있다는 것을 알게 되면, 즉 사실과 의견을 정확히 구분할 수 있게 되면 생각점프는 더 이상 나타나지 않는다.

⤷ '자기언어'를 통해 스트레스 줄이기

자기언어란 스스로 혼잣말을 하는 일종의 메시지와도 같다. 스트레스 상황에서 스스로를 다독이는 말을 할 수 있게 되면, 아이는 누가 뭐라고 해주지 않아도 마음을 편안하게 만들 수 있다.

아이가 스트레스를 받을 경우 스스로에게 말을 걸며 스트레스를 낮추기 위한 자기언어를 되새길 수 있도록 도와주자. 주현이처럼 생각점프로 스트레스를 받는 경우 어떤 자기언어를 할 수 있을까? '꼭 그런 건 아닐 거야. 내 생각이 맞지 않을 수도 있어'라는 이야기를 스스로 하게 되면 비슷한 상황이 발생하더라도 불안감을 낮출 수 있다.

아이의 스트레스를 낮추는 두 가지 방법

자극에 민감한 아이에게 학교라는 공간 자체가 스트레스가 될 수 있다. 곳곳에서 들려오는 소음은 물론이며 친구들의 짓궂은 장난이 아이를 힘들게 한다. 만약 아이가 교실에서 괴로워한다면 마음이 편해지는 나만의 공간, 즉 일종의 '힐링 공간'을 함께 정해보는 것이 좋다.

주현이는 소음이 적은 도서관이나 상담실을 참 좋아했다. 그래서 부모님의 동의 하에 일주일에 두 번씩 수업시간에 잠시 상담실에 들를 수 있는 찬스카드를 사용했다. 스트레스가 정말 심할 때면 잠시 주의전환을 할 겸 상담실에 들러서 5분이라도 있다가 다시 교실로 돌아가곤 했다. 몇 주가 지나자 주현이는 더 이상 찬스카드를 쓰지 않아도 될 정도로 스트레스를 흘려보낼 수 있게 되었다.

똑같은 장소라고 하더라도 '나만의 아지트'라고 이름을 붙이면 힐링 효과가 커진다. '아지트에서 마음을 편안하게 해야지'라고 생각하는 의식적인 행동은 아이의 불안과 스트레스를 줄여주기 때문이다. 스트레스를 흘려보낼 구멍이 있다는 사실을 아는 아이와 그렇지 않은 아이는 감정조절에 분명한 차이가 있다.

하지만 아이가 스트레스를 받는 순간마다 아지트를 방문할 수는 없는 노릇이다. 불안하고 스트레스를 받은 그 순간 아이에게 도움이 되는 방법으로는 호흡이 있다. 스트레스 상황에서는 호흡이 가빠진다. 숨을 짧게 쉬면서 몸은 자연스레 긴장하게 된다. 이렇게 몸이 긴장하면 다시 스트레스가 가중되는 악순환이 벌어진다. 이러한 사이클을 끊어주기 위해서는 호흡을 바로 하는 훈련이 필요하다.

'호흡은 만날 하는 건데 뭐 다른 것이 있겠어?'라고 생각할 수 있지만 분명 다른 점이 존재한다. 지금 나의 호흡을 한번 느껴보자. 호흡을 할 때 어깨가 들썩거리는가? 아니면 배가 움직이는가?

어깨가 움직이는 호흡은 흉식호흡이라고 한다. 흉식호흡은 폐가 최대로 확장되지 않기 때문에 호흡의 질이 좋지 않다. 그래서 흉식호흡을 지속하면 만성피로로 이어질 가능성이 높다. 반면 복식호흡은 폐가 최대로 확장되고 근육이 이완되면서 혈압이 안정되고 엔도르핀을 증가시킨다. 복식호흡을 하는 것만으로도 마음이 편안해지는 원리가 바로 여기에 있다.

집과 학교에서 아이와 호흡 훈련을 하면 큰 도움이 된다. 예민하거나 스트레스를 잘 받는 아이의 호흡을 살펴보면 호흡이 짧은 흉식호흡이다. 호흡을 짧게 하다 보니 숨도 가빠지고 쉽게 피로감을 느끼는 것이다. 이런 아이는 복식호흡을 통해 숨을 깊고 길게 쉴 수 있도록 도와주자. 그러면 일상에서도 불안을 낮추고 스트레스를 관리할 수 있게 된다. 코로 숨을 최대한 들이마시고 입을 통해 내쉬는 호흡이 습관화되면 아이는 스스로 호흡을 통해 자신의 불안을 조절할 수 있게 된다.

"저 이래도 괜찮아요?", "그럼, 그래도 괜찮아"

가끔은 아이가 스트레스를 받는다며 버럭 소리를 지르거나 짜증을 내기도 한다. 하지만 이때 아이가 다치는 경우가 아니라면 어느 정도 무시했다가 나중에 개입하는 것도 좋은 방법이다. 부모님이나 선생님이 일일이 반응할 경우 '소리를 지르면 모든 것이 해결된다'는 잘못된 강화가 일어날 수 있기 때문이다.

교실에서 자주 소리를 질렀던 주현이는 선생님이 바로 개입하지 않고 무시한 채 수업을 진행하자 소리를 지르는 횟수가 점차 줄어들었다. 처음에는 자신을 바라봐주지 않는 선생님이 미웠지만 시간이 갈수록 소리를 지른 행동이 쑥스럽다는 생각이 들었다. 쉬는 시간이 되자 주현이는 "선생님, 뒤에서 동우가 저를 계속 발로 차요"라고 이야기했다. 담임선생님은 "그랬구나, 그럼 방과 후에 동우와 함께 이야기를 나눠보자"라며 주현이의 상황을 들어주었다.

방과 후 선생님, 동우와 함께 대화를 나누고 문제를 해결하면서 주현이는 마음이 상쾌해지는 경험을 했다. 자신이 도움을 요청하면 담임선생님이 도와줄 테니, 당장 그 순간에 소리를 지르지 않아도 괜찮겠다는 느낌을 받았던 것이다. 일일이 행동을 짚어주며 설명하지 않아도 시간차 개입을 통해 아이 스스로 자신의 행동을 돌아보고 더 좋은 대안을 생각할 수 있게 된다.

무엇보다 중요한 것은 '그래도 괜찮다'는 확신을 심어주는 일이다. 예민한 아이들이 스트레스를 받을 때 가장 많이 느끼는 감정은 바로 불안감이다. 상담하다 보면 아이들에게 "그래도 괜찮다"는 말이 얼마나 필요한지 새삼 느낀다. 아이들은 '나 이래도 괜찮아요?'라는 질문을 다양한 방식으로 내게 물어보는 듯하다.

예를 들어 주현이가 "애들이 개념 없이 너무 시끄러워요. 그래서 짜증나는데 애들은 자꾸 저한테만 뭐라고 해요"라며 투덜대는 말이 내게는 '애들이 계속 시끄럽게 떠들면서 저한테만 예민하다고 해요. 저 이래도 괜찮아요?'라고 물어보는 것처럼 들렸다. 그래서 "친구들이 시끄러워서 스트레스를 받았겠다"라며 주현이와 함께 떠든 아이들의 흉을 봤다. 이때만큼은 선생님이라는 직함도 내려놓고 오롯이 주현이의 편이 되어주었다. 이것만으로 주현이는 '나만 그런 생각을 하는 게 아니구나'라며 마음이 한결 편안해졌다.

"그런 생각이 들었구나."

"그렇게 생각해도 괜찮아."

"그런 마음이 들어도 괜찮아."

"그럴 수도 있겠다."

이 말들이 아이들에게 얼마나 위로가 되는지, 무장해제가 되는 아이들의 표정을 보면 금세 알 수 있다. 아이들은 '난 이상하지 않아'와 '내가 이상한 건가?' 사이를 온탕과 냉탕처럼 오가며 불안해한다. 지금 아이에게 필요한 것은 '이상하지 않다'는, '너는 충분히 괜찮다'는 따뜻한 응원이다.

4장

단단한 엄마가 단단한 아이를 만든다

: 엄마 마음 다지기 :

"아이가 잘하고 있는지 불안해요", 불안을 잠재우는 법

"선생님, 저희 애가 오늘 밥을 잘 못 먹기에 무슨 일이 있냐고 물었더니 아무 일도 없다고 하더라고요. 그런데 아무래도 걱정이 돼서요. 혹시 담임선생님께 물어봐주실 수 있나요?"

소라 어머니는 아이가 학교는 제대로 다니는지, 혹시 문제가 있는 것은 아닌지 걱정이 많다. 원래 불안감이 높은 편이라 걱정이 많기는 하지만, 맞벌이를 하고 아이들을 돌봐줄 사람이 없어 혹시라도 아이의 생활에 구멍이 있는 것은 아닌지 노심초사다. 사실 불안감이 높은 건 소라 어머니만이 아니다. 많은 부모들이 아이가 잘 지낼 거라고 믿으면서도 학교에서 오는 전화에 깜짝 놀라고 가슴이 철렁한다.

어느 정도의 불안은 누구나 가지고 있는 것으로, 문제가 되지 않는다. 하지만 불안이 주체할 수 없이 커지면 문제가 생겨버린다. 불안이 높은 부모의 경우, 아이가 점점 크면 도통 말을 하지 않는 아이의 속마음이 궁금해서 몰래 휴대전화를 확인하거나 일거수일투족을 꼬치꼬치 캐묻는 식으로, 불안함이 다양한 형태로 표출될 수 있다. 아이의 마음을 제대로 바라보지 못하고 아이를 신뢰하지 못하는 순간, 부모와 아이는 모두 힘들어진다.

엄마의 불안은
아이에게 지진과 같다

그렇다면 왜 이러한 불안감이 스멀스멀 머릿속을 장악하는 것일까? 이를 알기 위해서는 먼저 마음을 돌아봐야 한다.

첫째로 기질적으로 불안한 사람일 수 있다. 타고난 감각의 민감함으로 인해, 또는 어린 시절의 환경적 요인이나 사건 등으로 인해 불안감을 더 잘 느끼는 경우다. 기질적으로 불안감이 높은 사람이라면 스스로 지나친 완벽주의에 얽매이고 있는 것은 아닌지 돌아볼 필요도 있다.

예를 들어 '아이는 아침 7시 30분에 일어나서 씻은 뒤 아침밥을 15분 만에 다 먹어야 한다. 스스로 양치한 후에는 투정을 부리지 않고 옷을 입어야 한다. 8시 15분에는 전날 미리 챙겨놓은 가방을 메고 집을 나서야 한다' 같은 완벽함의 공식을 추구하는 부모는 불안감을 더 잘 느낄 수 있다.

왜냐하면 모든 일에는 항상 변수가 생기기 때문이다. 완벽하지 않은 세상에서 내 공식대로 완벽하게 살아가려고 하다 보니, 조금이라도 예상을 빗나가거나 불확실한 일은 두려움으로 다가온다. 혹시라도 예상치 못한 상황이 발생할까봐 전전긍긍하며 쉽게 불안해지고 짜증도 올라온다.

만약 아이와의 관계에서도 이러한 완벽주의가 적용된다면 어떻게 될까? 도저히 통제할 수 없는, 그래서 어디로 튈지 모르는 아이라는 변수로 인해 내 마음은 불안 그 자체가 되어버릴지도 모른다.

둘째로 현재 처한 상황이 불안할 수 있다. 예를 들어 소라 어머니의 경우 완벽주의자인 데다가 맞벌이에 육아까지 거의 혼자 책임지다 보니 불안이 더욱 심해졌다.

"선생님, 저도 정말 잘하고 싶은데 힘들어요. 집에서, 회사에서 제 역할을 하려고 하다 보니 정말 몸이 열 개라도 모자랄 지경이에요."

소라 어머니는 자신이 균형을 잃어가는 모습을 지켜보는 것이 너무 힘들었다. '내가 과연 잘해낼 수 있을까?'라는 생각과 '뭐 하나도 제대로 하지 못하면서, 아이는 무슨 죄야'라는 생각에 자책이 커져갔다. 이것이 누적되면 당연히 스트레스를 받게 된다. 불안하지 않을 수 없다.

셋째로 아이에 대한 신뢰가 부족하면 불안감이 들 수 있다. 태희 어머니는 아이를 잘 믿지 못한다. 그래서 "오늘 숙제 있어?"라는 질문에 태희가 "없어"라고 답을 해도, 그 말을 믿지 못해 "선생님, 오늘 숙제 정말 없나요?"라며 물어보기 일쑤다.

"아직 애가 어려서 뭘 할 줄 아는 게 없어요. 그래서 제 손이 많이 가요."

어머니는 태희가 아직 자신의 기준에 미치지 못하는, 한참 부족한 존재라고 생각한다. 그런데 이런 말을 듣고 자란 아이는 어떤 모습을 보일까?

"선생님, 태희는 분명히 스스로도 잘할 수 있는 아이인데요, 정말 자신감이 없어요."

태희 담임선생님은 안타깝기만 하다. 아이가 자신 있게 하면 좋겠는데 항상 "저는 못 해요", "몰라요"라는 말만 하며 스스로를 너무 낮게 평가하기 때문이다. 아이는 믿음의 크기만큼 자라는 법이다. 태희가 자신감 있는 모습을 보이지 못했던 것은 어머니의 불안이 태희의 성장을 짓누르고 있었기 때문이다.

그런데 이러한 불안감이 밖으로 표출된다면 어떻게 될까? 불안이라는 감정 역시 아이에게 전달된다. 부모는 아이에게 대지와도 같은 존재다. 아이에게는 어렸을 적부터 자신을 위해 헌신하면서 모든 것을 척척 잘해내는 엄마 아빠가 세상의 전부와도 같은 법이다. 그 단단한 땅을 딛고 아이는 세상을 마주할 수 있다. 하지만 만약 그 땅이 흔들린다면 아이는 어떻게 생각할까? 지진이 났다고 느낀다. 세상이 무너진다고 받아들인다.

불안을 잠재우는 세 가지 방법

물론 부모도 사람인데 당연히 불안감을 느낄 수 있다. 그래도 불안한 생각과 느낌을 곧이곧대로 아이에게 표현하는 일은 피해야 한다.

불안감을 많이 느끼고 있다면 자신을 먼저 바라보는 시간을 가져보자. 아이가 말을 듣지 않아서 조바심이 나고 불안할 수도 있고, 아이를 잘 돌보지 못한다는 죄책감에 불안할 수도 있다. 무엇 때문에 불안감을 느끼는 것인지, 그것이 나로 인한 것인지, 주변의 상황으로 인한 것인지, 아이와의 관계로 인한 것인지 먼저 들여다보아야 한다.

① 상황이 불안할 경우

만약 소라 어머니처럼 현재 상황이 불안감을 유발한다면 어떻게 하는 것이 좋을까? 우선 현재의 상황을 비관하고, 스스로를 비난하는 일을 멈춰야 한다. 지금 이 상황은 내가 자초한 것도 아니고, 아이가 그렇게 만든 것도 아니다. 누구의 잘못도 아니다. 그러므로 이러한 불안감을 솔직히 표현하면서 외부의 도움을 받는 것이 좋다. 학교에서는 선생님에게 도움을 요청해 아이의 적응 상황에 대해 들어볼 수도 있다.

또한 아이와 이것을 주제로 대화를 나누는 시간도 필요하다. 아이를 믿지 못하는 것이 아니라 함께 있어주지 못하는 미안함이 크다는 사실을 아이도 알게 하자. 퇴근하고 잠들기 전까지 길지 않은 시간 동안 숙제검사를 하며 승강이를 하기보다는, 하루 동안 있었던 일에 대해 대화를 나누고 싶다는 말을 해주고 도움을 요청해보자. 아이가 스스로 해야 하는 일까지 부모가 해주지 못했다고 괴로워하지 않아도 된다. 오히려 아이가 알아서 해내는 책임감을 배울 수 있는 순간으로 활용해보자.

② 지나친 완벽주의자인 경우

만약 자신이 지나친 완벽주의자라면 심리적인 유연성을 기르는 것이 필요하다. 우리는 완벽하게 완벽하지 않다. 인생은 철저한 계획보다 우연적인 사건들에 의해 더 많은 영향을 받기 마련이다. 설령 생각이나 계획과는 다른 일이 펼쳐진다고 해도 그것은 다른 일일 뿐, 실패가 아니다.

'나는 일도 잘하고 아이도 잘 돌봐야 해.'

'나는 아이 마음은 다 알고 있어야 해.'

'나는 뭐든 잘해내야 해.'

이런 생각은 족쇄가 될 수 있다는 점을 명심하자. 어린 시절의 내게 슈퍼맨과 슈퍼우먼은 뭐든지 척척 해내는 완벽한 사람의 표상이었다. 하지만 이제는 생각이 바뀌었다. 완벽하지 않은데 완벽한 척해야 한다면, 자신의 어려움은 절대 내색하지 못하고 남을 도와주며 "난 괜찮아"라고 말해야 한다면 얼마나 외롭고 고독할까? 슈퍼맨과 슈퍼우먼에서 벗어나자. 불안한 것이 지극히 정상이다. 나의 불안을 인정하고 주변 사람들에게 도움을 요청해도 괜찮다.

완벽주의자의 기준과 현재 상황으로 인해 불안감이 높았던 소라 어머니는 자신의 모습을 똑바로 바라보며 불안감을 줄일 수 있었다. 그동안 불안이 높았던 이유는 소라 탓이 아니라 자신의 상황 탓이었다는 사실을 알게 되었기 때문이다. 그동안 소라에게 말도 제대로 못하고 담임선생님을 통해서만 소라의 학교생활을 물어봤다면, 이제는 아이에게 자신의 상황을 솔직하게 말하고 도움도 요청했다.

"소라야, 엄마랑 아빠가 바빠서 소라를 잘 챙겨주지 못해 미안해. 그래도 엄마 아빠는 항상 소라를 생각하고 있거든. 혹시 엄마 아빠한테 말하고 싶은 것이 있으면 꼭 이야기해줘. 엄마 아빠는 항상 소라 이야기를 듣고 싶어."

소라는 그동안 엄마 아빠가 자신을 궁금해하지 않는다는 생각에 서운한 마음이 컸다. 하지만 엄마의 말을 듣고 그 마음이 눈 녹듯이 사라졌다. 소라는 집 안에 편지함을 만들기로 했다. 늦게 들어오는 엄마 아빠에게 하고 싶은 말이 있으면 편지에 적어 편지함에 넣기 위해서였다.

"진작 이렇게 이야기할 걸 그랬네요."

어머니는 상황을 받아들이고 인정하면서 마음이 훨씬 편해졌다고 했다.

③ 아이를 믿지 못하는 경우

"에이, 아이를 믿지 않다니요. 전 저희 아이를 믿는걸요?"

아이를 믿지 못해 불안한 것이라고 하면, 많은 부모가 이렇게 대꾸한다. 하지만 엄마 아빠가 아이를 못 믿어서 불안해하는 경우가 생각보다 훨씬 많다. 아이가 아침에 일어나서 천천히 밥을 먹고 미적거릴 때 '저러다 지각하면 어떡하지'라는 염려, 시험이 다가오는데도 게임을 신나게 할 때 '저러다 시험 망치는 거 아니야'라는 걱정은 아이에 대한 불신의 조각들이다.

물론 불안할 수 있다. 거기에 게임을 신나게 하는 바람에 시험을 망쳤던 전적이 있다면 더욱 신뢰가 떨어지는 법이다. 아이를 잘 믿지 못하는 것 자체가 잘못이라는 말이 아니다. 그러한 생각과 태도가 아이에게 너무나 잘 전달될 수 있다는 점을 이야기하고 싶은 것이다.

불안이 전염되는 것처럼 부모가 아이에게 가지는 태도 역시 전염된다. 엄마 아빠가 아이를 신뢰하지 못하면 아이도 어느새 스스로를 신뢰하지 못하게 된다. 이는 자존감과도 직결되는 문제다. 스스로의 능력과 가치에 대해 신뢰하지 못한다면 성장할 수 있는 기회 역시 줄어들게 된다. 실수나 실패가 예상되기 때문에 굳이 도전을 하지 않는 것이다.

게다가 평소 부모가 모든 것을 부모의 기준에 맞게 세팅하고 아이는 무조건 따라오게 하다가, 어느 순간 "너도 이제 다 컸으니 알아서 하라"는 말을 건넨다면 아이 입장에서는 어떤 마음이 들까? '지금까지 부모님을 믿고 아무것도 안 했는데 갑자기 나보고 뭘 하라는 거지?'라는 생각이 들면서 불안해질 것이다.

아이가 스스로 잘하고 있는 점을 부각시키고 인정해주는 과정이 필요하다. 완벽이라는 것은 애초에 존재하지 않는다. 그렇기에 아이가 스스로 해내면서 점차 성장하는 바로 그 지점에 초점을 맞추는 것이 중요하다. 아이가 노력하고 발전하는 점을 찾아내서 이를 긍정적이고 구체적인 말로 피드백해주자. 아이가 자신의 변화를 제대로 바라볼 수 있어야 올바른 방향으로 성장하게 된다.

태희를 믿지 못했던 태희 어머니는 담임선생님과의 상담 후에 자신의 태도를 돌아보게 되었다.

"선생님, 제가 태희를 태희 자체로 인정해주지 못했던 것 같아요. 스스로 많은 것을 할 수 있는 아이인데 왜 그동안 태희를 믿지 못했을까요?"

어머니는 태희를 믿고 스스로 하게 격려해주는 연습을 시작했다.

"태희야, 이건 태희가 혼자서 해볼까? 엄마는 태희가 충분히 스스로 할 수 있을 거라고 생각해. 어려운 점이 있으면 그때 엄마랑 함께 고민해보자."

그동안 모든 것을 어머니가 결정했다면 이제는 태희가 스스로 고민하고 선택할 수 있도록 기회를 주고 믿음을 보여주었다. 엄마의 그러한 태도에 태희는 조금씩 혼자서 결정하고 행동하기 시작했다.

불안한 게
정상이다

'내가 지금 제대로 하는 걸까?'

'이렇게 해도 괜찮을까?'

불안한 마음이 하루에도 몇 번씩 올라와 고민이라면, 걱정하지 않아도 된다. 사실 불안하지 않은 것이 오히려 이상하다. 내가 부모님과 상담을 하다 보면 반드시 이야기하는 것이 있다. 바로 부모도 부모 노릇은 처음이라는 것이다. 우리는 부모로 태어난 사람들이 아니다. 부모가 어떤 역할을 해야 하는지, 아이에게 어떤 말을 해주어야 하는지 학교에서 배운 적이 없었다. 모든 것을 제대로 배워서 부모가 된 것이 아니다. 오로지 자신의 부모를 통해서만 어렴풋이 배웠을 뿐이다.

그러나 설령 자신의 부모를 통해 배웠다고 해도 지금의 나는 처음이다. 설사 아이 셋을 낳았다고 해도 지금의 나는 또 처음이다. 왜냐하면 내 아이는 이 세상에서 단 한 명밖에 없는 존재이기 때문이다. 감히 다른 공식에 일반화하기에는 변수가 너무나도 많은 아이여서 내 생각과는 완전히 다른 것이 정상이다.

오늘 하루는 어제와는 또 다른 하루다. 매일매일 우리는 다른 세상 속에서 살고 있다. 어떻게 부모 역할을 해야 하는지 잘 알지도 못하는데, 너무 변수가 많은 아이와 변수가 많은 하루를 사는 일이 불안한 것은 당연하다. 이러한 불안감을 인정하면 좋겠다. 부모로서 잘하고 싶어서 불안감이 드는 것이다. 그러니 불안해질 때는 이렇게 생각해보자.

'나는 더 좋은 엄마가 되고 싶어서 불안한 거야. 그러니까, 잘하려는 나를 격려하고 응원해주자.'

나의 불안과 마주하는 네 가지 질문

① 나는 평소 불안감을 얼마나 느끼는가? (0점 전혀 느끼지 않는다, 10점 항상 느낀다)

_____

_____

_____

② 내가 주로 불안감을 느끼는 이유는 무엇일까?

_____

_____

_____

③ 나의 불안감을 잘 돌보기 위해 무엇을 하는 것이 좋을까?

_____

_____

_____

④ 불안에 떨고 있는 나 자신에게 뭐라고 이야기해주고 싶은가?

_____

_____

_____

"너무 답답해서 이해가 안 가요", 다름을 공감하는 법

"선생님, 제가 낳은 아이지만 정말 이해가 안 돼요. 선생님 말씀대로 아이랑 같이 공부 계획을 세우고 약속도 했거든요. 그런데 자기 할 일은 생각도 하지 않고 게임만 하는 거예요. 제가 숙제는 언제 할 거냐고 하니까, 대뜸 저한테 신경질을 부리는 거예요. 아이는 좀 느긋한 편이고 저는 좀 조급한 편이라서 답답해 죽겠어요. 이제 곧 학원 레벨 테스트도 있는데. 이럴 땐 어떻게 아이를 이해해야 할까요?"

아이가 도저히 이해되지 않아서 답답할 때가 있다. 그런데 재미있는 것은 부모만 그런 것이 아니라는 사실이다. 아이도 엄마 아빠가 이해되지 않는다고 생각한다. 그래서 서로 의견이 좁혀지지 않고 마치 평행선을 달리는 기분이 들게 된다.

사실 생각해보면 꼭 아이들과의 관계만 그런 게 아니다. 우리는 살면서 다양한 사람들과 서로 이해하지 못해 답답해한다. 하지만 다른 사람들은 만나지 않으면 그만이지만, 아이와의 관계에서는 그럴 수 없다. 자칫 서로를 이해하지 못해 관계가 무너지기라도 하면 관계 회복에 상당한 시간이 소요된다.

'답답한' 것이 아니라 '다른' 것이다

엄마 아빠가 아이를 잘 이해하지 못하는 것은 어쩌면 당연한 일이다. 왜냐하면 아이는 부모와 너무나 다른 세상에서 너무나 다른 사고방식을 가지고 살아가기 때문이다.

지금의 부모는 자라면서 휴대전화라는 것을 알게 되었고 파란 하늘 아래에서 마음껏 뛰어노는 경험을 했다. 하지만 요즘 아이들은 태어났을 때부터 휴대전화를 접한 세대다. 두 손가락으로 터치만 해도 모든 것을 해결할 수 있다는 사실을 몸으로 익혔다. 그리고 파란 하늘보다는 회색 하늘이 익숙하고 "오늘은 미세먼지 나쁨이래"라는 말을 안부 인사처럼 하는 세대다. 엄마와 아이는 분명 다른 세상 속에 살고 있다.

혹시 여행을 좋아하는가? 사람들이 여행을 좋아하는 이유는 과연 무엇일까? 우리는 여행을 통해 일상에서 벗어나 전혀 다른 생각과 환경 속에 사는 사람들을 관찰할 수 있다. 이렇게 다른 문화를 접하면서 "왜 여기는 주식이 밥이 아니야?"라고 하거나 "왜 물값을 따로 내야 해? 서비스로 줘야 하는 것 아니야?"라고 화를 내지는 않는다. 대신 '어? 여기는 우리랑 다르네?'라고 느끼면서 다름을 인정한다.

이렇게 다름을 인정하고 발견하는 시간이 많아질수록 생각이 확장되면서 새로운 영감이나 아이디어가 떠오르기도 한다. 아마 다른 문화를 만나면서 새로움을 경험할 수 있기 때문에 여행을 좋아하는 것 같다.

여행지에서는 쉽게 다름을 인정하는 것과 달리, 아이와의 관계에서는 다름을 인정하는 일이 너무나 어렵다. 물론 아이의 건강하지 않은 문화까지 인정하자는 이야기는 아니다. 그것은 교육하고 알려줘야 할 부분이다. 대신 충분히 다를 수 있다는 사실을 인정하는 태도가 필요하다. 그래야 아이의 마음을 살피고 교육할 부분에 더 많은 에너지를 쏟을 수 있다.

모두 자신이
합리적인 과학자라고 생각한다

서로가 좀처럼 이해되지 않는 답답한 사람들이라고 생각하는 이유는 바로 우리가 자기 자신을 가장 합리적인 과학자라고 생각하기 때문이다. 그동안 살아온 인생에 따르면 자신의 생각이 분명 맞는데 왜 그것을 이해하지 못하는지 답답하다. 그래서 이럴 때는 과학자로서 자신의 가설을 한번 점검해볼 필요가 있다.

예를 들어보자. 내가 중학생 때의 일이다. 당시 학교에서 급식실을 새로 짓는 바람에 1년 동안 도시락을 싸서 다녔다. 그런데 도시락의

묘미는 누구나 알듯이 모두가 나눠 먹는 반찬에 있다. 어느 날, 친구 한 명이 각자 재료를 다르게 가져와서 비빔밥을 만들어 먹자고 했다. 모두 신이 나서 양푼, 고추장, 참기름, 각종 나물과 반찬을 가져와 비빔밥 데이를 열었다. 여럿이서 먹으려다 보니 아무래도 불편해서 책상을 모두 밀고 교실 바닥에서 비빔밥을 먹기로 했다. 옹기종기 앉아서 식사를 시작하려던 찰나, 담임선생님이 갑자기 교실로 들어오시더니 소리를 지르셨다.

"차가운 바닥에 앉아서 뭐하는 거야! 바닥에 먼지도 많은데! 빨리 책상 안 끌고 와? 그럴 거면 나가서 먹어!"

자신들이 최고라고 여겼던 패기 만만한 여중생들은 어떻게 했을까? 맞다. 우리는 추운 겨울날, 반찬을 들고 운동장에 나가서 벤치 주위에 선 채 보란 듯이 밥을 먹었다. 담임선생님은 어이가 없는 표정으로 우리를 쳐다보셨다.

학생들과 담임선생님이 서로 답답하게 생각했던 이유는 무엇이었을까? 서로의 생각이 달랐기 때문이다. 선생님의 머릿속에는 '밥은 깨끗하게 먹어야 한다'와 '차가운 바닥에 앉는 것은 건강에 좋지 않다'는 생각이 있었다. 그리고 그것은 여지없는 사실이다.

나와 친구들의 생각은 무엇이었을까? '학교에서 친구들과 함께 만드는 비빔밥은 같이 먹어야 제맛이다'였다. 물론 이 생각 역시 옳다. 다 같이 먹고 추억을 쌓는 것은 정말 즐거운 일이다. 사실 바닥에 앉아서 먹든 책상에 앉아서 먹든 큰 차이는 없었을 것이다. 하지만 그 당시 선생님의 호통은 우리가 비빔밥을 제대로 즐기지 못하게 방해하려고 한다는 느낌을 주었다. 마치 교실에서 재미없게 먹든지, 밖에서 춥게 먹으라고 이야기하는 것같이 들렸다. 지금은 우리의 반항으로 선생님이 얼마나 힘드셨을까 하는 생각이 들지만 그때는 서로를 이해하지 못하고 답답하게 여기기만 했다.

이렇게 서로가 가진 생각은 다를 뿐, 틀린 것이 아니다. 밥은 깨끗한 곳에서 먹는 것이 좋다는 생각은 위생이라는 관점에서 옳고, 밥은 다 같이 즐겁게 먹는 것이 좋다는 생각은 즐거움, 추억이라는 관점에서 옳다. 위생과 즐거움 중에 무엇이 중요하냐고 묻는다면 그것은 사람마다 다를 수 있다고 대답할 것이다. 이것이 옳은 대답이다.

앞서 답답함을 토로했던 어머니 역시 마찬가지다. 성격이 급한 어머니 입장에서는 숙제와 공부를 먼저 하는 것이 원칙이지만, 느긋한 아이의 입장에서는 그날 안에 숙제와 공부를 끝내기만 하면 문제될 것이 없었다. 어머니와 아이 모두 그날 할 일은 그날 끝낸다는 생각은 같지만 방식이 서로 달랐다.

우리는 그동안 무의식적으로 다름을 틀림으로 받아들였다. 최근 '다르다'와 '틀리다'의 차이점에 대해 인지하기 시작했지만, 사실 그 전에는 다르다는 것이 내가 옳고 너는 틀렸다는, 옳고 그름의 문제라고 생각했다. 그러다 보니 서로 다르다는 것 자체에 몸이 민감하게 반응하곤 했다.

공감은
어려운 일이라는 생각

시중의 책이나 강연을 보면 항상 나오는 말이 있다. 바로 '공감'이 중요하다는 것이다. 물론 모두가 알고 있는 사실이다. 공감을 받으면 위로가 되고 마음이 편해진다는 것을 경험해봤기 때문이다. 하지만 그럼에도 공감은 뭔가 어려운 일이다. 자신이 이론에 통달한 상황에서나 가능하다고 생각하기 때문이다.

내가 대학생 때의 일이다. 고등학교 은사님을 찾아가 상담교사가 되고 싶다는 이야기를 했다. 그러자 선생님이 이런 말씀을 하셨다.

"네가 방황을 해보지도 않았고 가출도 해본 적이 없는데 어떻게 아이들의 마음을 헤아려서 상담을 할 수 있겠어?"

당시 선생님이 생각했던 공감은 마치 이미 다 풀어본 수학 문제처럼 아이들이 어떤 이야기를 하든 척척 알고 있는 상태를 의미하는 것 같았다. 나를 비난하려는 말씀이 아니라는 것을 알았기에 그때는 멋쩍게 웃으며 우물쭈물했지만, 사실 선생님의 질문은 한동안 내게 큰 물음표로 자리 잡았다. 이때까지만 해도 공감을 하려면 아이들의 생각을 마치 내가 경험한 것처럼 온전히 알아야 한다고 여겼기 때문이다. '정말 내가 아이들의 마음을 잘 이해하고 공감할 수 있을까?'라는 고민이 시작된 순간이었다. 그러던 어느 날, 문득 이런 사실을 깨닫게 됐다.

'이 세상에 나와 똑같은 경험을 한 사람은 단 한 명도 없다.'

물론 비슷한 경험을 한 사람이 앞에 있다면 쉽게 마음이 열릴지도 모른다. 하지만 그렇다고 해서 아이가 살면서 겪을 모든 경험을 해볼 수는 없는 노릇이다. 그리고 이렇게 생각해보자. 엄마나 아빠가 아이의 경험을 소싯적에 해봤다고 해서 "아, 그거 나도 해봤어"라며 자신의 경험을 술술 늘어놓는다면, 과연 아이가 좋아할까? 오히려 상처를 받을 수 있다. 내가 말하려던 것은 그게 아닌데 갑자기 부모가 아는 체를 해버리니 아이는 정말 털어놓고 싶었던 감정을 후루룩 삼켜버릴 수밖에 없을 것이다.

　그런데 우리는 어떻게 아이들과 대화할까? 아이의 마음을 다 안다는 듯이 행동하는 경우가 많다. '어차피 내 생각이 맞는데, 나도 다 경험해본 건데, 뻔히 눈에 보이는데' 굳이 시간을 들여 아이의 상황을 모두 파악해야 한다고 생각하지 않는 것이다.

　"네가 무슨 말을 하는지 알겠어. 그래도……"

　"그래, 알겠어. 그래도 안 돼."

　결국 우리는 공감보다는 효율성을 선택했다. 아이의 이야기는 끝까지 들어봤자 뻔하다고 생각하기 때문이다. 그러다 보니 "그렇구나"라며 아이가 자신의 마음을 말할 때까지 기다려주기보다는 "그래도"라며 부모가 하고 싶은 말을 더 많이 하게 되었다. 아이의 마음을 손바닥 들여다보듯 본다고 생각하며, 마음속 이야기는 점점 보지 못하게 되었다. 아이의 마음을 볼 수 없으니 답답하고 힘들어지는 것은 어쩌면 당연한 일일지도 모른다.

다름을 공감하는
두 가지 방법

엄마가 아이와의 다름을 공감하기 위해서는 두 가지 마음가짐이 필요하다.

① '판단하기' 전에 '들어주려는' 마음

어느 날, 친구를 욕하고 때린 훈석이가 상담실을 찾아왔다. 훈석이는 친구가 자신을 놀리고 시비를 걸고 무시한 것에 화가 났다고 했다. 이때 "그렇구나, 그럴 수도 있었겠다"라고 말하는 것은 사실 잘못된 표현이 아니다. 아이의 이야기를 들어보고 마음을 바라보면서 "그런 상황이었다면 네가 그렇게 화가 나고 속이 상할 수 있었겠다"라고 인정해주는 것은 아이의 마음을 이해해주는 것이지, 친구를 욕하고 때린 행동까지 옳다고 말하는 것이 아니다.

내가 그렇게 훈석이의 마음을 인정해주자 훈석이는 그제야 "제가 친구를 때린 건 잘못이지만"이라며 속마음을 열기 시작했다. 그 친구가 계속 자신의 뒷담화를 하는 바람에 친구들이 자신과 놀지 않아 외로웠다고 이야기했다. 그래서 아이의 마음을 다시 바라봐줬다.

"아, 친구를 때린 건 잘못했다고 생각하는구나. 그래서 친구한테 미안한 마음도 있구나. 마음이 복잡하겠다."

때린 것이 잘못된 행동이라는 사실은 모든 아이들이 알고 있다. 하지만 훈석이는 자신의 마음을 감당하지 못해 욕이 나오고, 자신을 무시하는 친구로부터 스스로를 지키고자 하는 생각에 주먹까지 나간 것이었다.

"네, 오늘도 제가 그냥 넘어가면 반 애들이 전부 저를 무시할 것 같았어요. 그래서 어쩔 수 없이 그런 건데."

훈석이는 자신이 얼마나 갈등했는지 이야기해주었다.

"그랬구나, 너도 그렇게까지 하고 싶지는 않았구나. 그런데 또 참으면 친구들에게 무시당할까봐 그런 거였구나. 그동안 참 외로웠겠다."

훈석이의 눈에서 굵은 눈물이 뚝뚝 떨어지기 시작했다. 친구를 욕하고 때린 아이의 깊은 속마음에는 외로움이 크게 자리 잡고 있었던 것이다. 아이가 잘못된 행동을 했을 때 이에 대한 판단이 앞서서 바로 잡아주려고 하면, 공감은 어려워진다. 일단은 '들어주려는' 마음가짐이 필요하다. 아이의 상황을 충분히 파악하고 그 마음을 공감해준 뒤, 잘못된 부분을 설명해줘야 아이도 쉽게 수긍한다.

② 공감은 '해주는' 것이 아니라는 깨달음

"아이가 도저히 이해되지 않아 죽겠는데도 공감이라는 걸 할 수 있나요?"

워크숍에서 한 선생님에게 이런 질문을 받은 적이 있다. 수업시간에 장난치는 아이가 도저히 이해되지 않고 화가 나서 아이를 앞으로 불러냈다고 한다. 그런데 끝까지 실실 웃으며 자신을 쳐다보는 아이가 너무 미웠다고 한다. 공감이 중요하다는 것은 알지만 이럴 때마저 아이에게 공감하는 자신이 너무 위선적인 것 같다며 고민을 토로했다. 과연 이럴 때도 공감을 할 수 있을까?

물론, 공감을 할 수는 있다. 하지만 먼저 해야 할 것이 있다. 나 자신을 보호하는 것이다. 공감을 '하는' 것이 공감을 '해주는' 것이라고 생각하는 사람들이 있다. 나는 별로 하고 싶지 않은데, 힘들어 죽겠는데 상대방을 위해 공감을 해줘야 한다고 생각하는 것은 노동일 뿐이다. 그것도 족쇄를 차고 하는 중노동에 속한다. 중노동을 하면서 표정이 좋을 리 없다. 족쇄를 차고 있는데 아이의 마음을 제대로 헤아려주지 못하는 것이 당연하다. 이때 억지로 미소를 띠고 이를 꽉 깨물며 "그 랬구나. 한번 얘기해볼래?"라는 태도는 오히려 아이에게 '도대체 무슨 이야기를 할지 들어나보자'라는 식으로 느껴질지도 모른다. 선생님은 중노동을 하고 있고 아이는 두려움을 느낄 뿐이다.

그래서 이럴 때는 나를 먼저 보호하는 것이 필요하다. 아이의 감정이 소중한 것처럼 나의 감정 역시 소중하기 때문이다. 나를 보호하기 위해 시간이 필요하다는 것을 아이에게 말해주자. 물론 "나 화났으니까 이따 이야기해!"라고 말하는 것은 좋은 방법이 아니다. 나를 보호한다는 핑계로 상대방을 존중하지 않기 때문이다. 상대방이 나를 창으로 찌를 때 방패로 보호하는 대신 창을 들고 함께 맞서 싸우는 격이다. 스스로를 보호하면서 아이도 존중할 수 있는 방법이 분명히 있다.

마음에도 방이 있다

마음에는 크기가 다른 방이 여러 개 있는 듯하다. 우리가 한 가지 상황에서 단지 한 가지 감정만 느끼는 것은 아니기 때문이다. 예를 들어 승진시험을 앞두고 불안하다고 해서 불안한 감정만 있는 것은 아니다. '시험을 잘 보지 못하면 어쩌지'라는 걱정되고 초조한 감정도 있지만 '시험을 잘 보고 싶다, 그래서 승진하고 싶다'라는 설렘도 분명히 존재한다.

불안함만 크게 지각하는 사람은 불안한 감정에만 초점을 두지만 '불안하긴 하지만 잘해내고 싶어, 그러면 정말 뿌듯할 것 같아'라고 감정을 더욱 섬세하게 헤아리는 사람은 뿌듯함을 느끼기 위한 행동을 선택할 수 있다. 이렇게 자신의 마음을 제대로 바라볼수록 마음의 방은 점점 수가 늘어난다. 마음의 방이 많으면 그만큼 자신의 감정을 다양하게 분화해서 관찰할 수 있다.

아이에게 화가 날 때도 마찬가지다. 나는 질문을 했던 선생님에게 이렇게 이야기했다. 만약 너무 화가 나서 대화를 이어가기 힘들다면 아이에게 현재 자신의 마음상태를 방에 비유해서 설명해주라고 말이다.

"내 마음에도 사실 여러 개의 방이 있어. 지금은 네가 수업시간에 선생님 말을 잘 듣지 않고 떠드는 바람에 다른 친구들도 수업에 참여하지 못하게 되어 화가 났단다. 그런데 내 마음의 방에 화만 가득 차 있는 건 아니야. 너도 아무 이유 없이 그런 것은 아닐 거라고 생각하거든. 그래서 너의 이야기를 듣고 싶은 궁금함의 방도 있고, 우리 반 학생인 너를 소중하게 생각하는 소중함의 방도 있어. 너의 이야기를 듣고 싶지만 내가 아직 준비가 되지 않았어. 잠시만 시간을 주면 준비를 해둘게. 그다음에 우리 다시 이야기를 해볼까?"

공감에는 진실성이 바탕이 되어야 한다. 아이는 어쩌면 선생님이 충분히 화가 날 수도 있는 상황이라는 것을 이미 알고 있을지도 모른다. 그런데도 애써 감정을 숨기면서 굳은 얼굴과 딱딱한 어투로 "괜찮아"라고 말한다면? 아이 입장에서는 선생님을 더 화나게 하고 싶다는 도전정신(?)이 생길 수 있다.

엄마와 아이의 관계에서도 마찬가지다. 굳이 감정을 억누르는 족쇄를 채우고 아무렇지 않은 것처럼 중노동을 하지 않아도 괜찮다. 대신 자신을 보호하고 감정을 살펴보는 시간을 가져보자. 나의 마음을 돌아보며 심리적 에너지를 보호하고 다시 충전해야 한다. 그런 뒤에 아이에게 "나는 이야기를 나눌 준비가 됐는데 괜찮니?"라고 물어보자. 나를 먼저 보호해야 아이의 마음을 올바로 바라볼 수 있다. 나를 보호하는 것은 나만을 위한 것이 아니다. 아이를 위한 행동이기도 하다.

다름을 공감하기 위한 세 가지 질문

① 나와 아이가 다른 점은 무엇인가?

_____

_____

_____

② 이런 다른 점이 아이와의 관계에서 어떤 갈등을 일으키는가?

_____

_____

_____

③ 내 마음의 방에는 어떤 마음들이 있을까?

"저도 너무 지쳐요",
엄마의 회복탄력성 높이기

"선생님, 정말 아무리 노력해도 잘 안 돼요. 이제는 정말 지쳐요."

몇 번의 시도 끝에 간신히 전화 통화에 성공한 민재 어머니의 첫마디였다. 교실에서 툭하면 친구들과 싸우고 수업시간에도 운동장으로 뛰쳐나가려는 민재의 모습에 학기 초부터 담임선생님의 전화에 시달렸다는 민재 어머니. 이제는 전화 소리만 들어도 지치고 힘들다고 하소연했다.

"올해만 그런 게 아니에요, 선생님. 유치원 때부터 매일 전화를 받았어요. 민재를 데리고 센터에도 가보고, 유명한 클리닉에도 가봤는데 다 소용이 없네요. 이제는 민재보다 제가 더 소리를 지르는 것 같아요."

엄마의 번아웃과
회복탄력성

번아웃 증후군(burnout syndrome)이란 평소 불타오르듯 일에 몰두한 사람이 모든 것을 다 쏟아붓고 신체적, 정신적 피로도가 쌓인 나머지 무기력증을 겪는 현상을 의미한다. 주로 책임감과 자기헌신이 강한 사람에게서 많이 나타나는 증상이다. 최근 기사에 따르면 대한민국 직장인의 약 80퍼센트 이상이 번아웃 증후군을 경험했다고 한다. 이제 번아웃 증후군은 많은 사람들이 겪고 있는 고질병이 되었다. 직장에서 번아웃 증후군이 찾아온다면 활력을 잃은 나머지 이전 같은 성과를 보이지 못하고 업무효율이 떨어진다.

아이와의 관계에서 번아웃을 경험하면 어떤 일이 일어날까? 신체적, 정신적으로도 에너지가 부족하기 때문에 감정을 나누는 소통이 어려워진다. 공감이 어려운 것은 물론, 감정을 올바로 표현하기 힘들어서 버럭 소리를 지르거나 힘으로 제압하는 경우가 다반사다. 민재 어머니도 양육에서의 번아웃을 경험하고 있었다. 민재가 학교생활을 힘들어하는 시간이 누적되면서 어머니 역시 피로도가 쌓인 것이다.

"이제는 민재가 보기 싫을 때도 있어요. 민재를 안아주고 싶지도 않아서 밀쳐내게 되네요."

민재 담임선생님은 민재가 무척 걱정이라고 했다. 민재 어머니의 번아웃 증상이 심해질수록 민재 역시 불안감을 많이 느끼고 있었기 때문이다.

"어머님이 조금 더 민재를 안아주고 사랑을 주시면 좋겠어요. 민재의 불안한 마음을 조금만 진정시켜줘도 확실히 다르더라고요."

이러한 상황에서 벗어나기 위해서는 무엇이 중요할까? 그 힌트를 회복탄력성에서 찾고자 한다. 회복탄력성이란 마치 공이 바닥에서 튀어오르는 것과 같이 크고 작은 시련을 발판 삼아 더 높이 튀어오르는 마음의 근력을 의미한다.

우리는 살면서 크고 작은 어려움을 겪는다. 하지만 그러한 어려움을 대하는 사람들의 태도는 사뭇 다르다. 비슷한 어려움을 겪는다고 해도 어떤 사람은 쉽게 좌절하고 절망하는 반면, 어떤 사람은 그러한 상황에 또 다른 의미를 부여하며 전화위복을 몸소 보여주기도 한다. 후자의 경우가 바로 회복탄력성이 높은 사람들이다.

그렇다면 회복탄력성은 타고나는 것일까? 정말 희망적이게도 그렇지 않다. 우리가 운동을 하면 근력이 향상되는 것처럼 회복탄력성 역시 꾸준한 노력을 통해 향상시킬 수 있다. 김주환 교수는 저서 『회복탄력성』에서 회복탄력성의 세 가지 축으로 자기조절력, 대인관계력 그리고 긍정성을 꼽았다. 그렇다면 어떻게 이것을 활용해서 아이와의 관계에서도 회복탄력성을 높일 수 있을까?

엄마가 스스로를 보호할 줄 알아야 한다

첫 번째로 자기인식 능력을 높여야 한다. 부모와 교사의 공통점은 바로 높은 책임감을 가지고 있다는 것이다. 그래서 평소에도 자신보다 아이를 더 챙기게 된다. 나의 욕구보다 아이의 욕구에 더 민감하게 반응하다 보니 어느 순간에는 내가 어떤 마음인지, 무엇을 원하고 무엇을 힘들어하는지 돌아볼 겨를조차 없어진다.

감기에 걸리면 어떻게 하는가? 몸의 어디가 아픈지 재빨리 알아채고 병원에 가거나 아니면 집에서 따뜻한 차를 마시며 쉰다. 내 몸이 필요로 하는 것을 해주어야 비로소 지독한 감기에서 나을 수 있기 때문이다. 마음도 마찬가지다. 우리는 마음이 어떤지 알려주는 감정이라는 신호등을 가지고 있다. 감정이 나에게 어떠한 신호를 보낼 때, 그 신호를 반드시 알아차려야 한다. 이렇게 나를 돌아보고 마음을 알아차리는 과정에서 나를 인식하는 능력을 키워야 한다. 감정이 지치고 힘들다면 이를 알아차리고 쉬게 해주는 것도 필요하다. 내 마음에 귀를 기울이는 과정, 이것이 자신을 존중하는 첫걸음이다.

아이에게 지쳐 번아웃 증상을 보였던 민재 어머니에게 감정일기를 작성해보라고 했다. 그동안 아이를 챙기느라 자신을 제대로 바라보지 못했다면 이제는 하루 10분이라도 스스로를 돌아보는 시간을 갖는 것이 가장 필요했기 때문이다. 또한 하루에 한 가지씩 스스로를 존중하는 작은 활동을 해보라고 제안했다.

일주일 후 민재 어머니는 무엇이 자신을 존중하는 것인지 잘 모르겠다고 말했다. 아이를 키우면서는 한 번도 이것을 생각해본 적이 없었다는 것이다. 그래서 이렇게 설명했다.

"지금 목이 말라서 차를 한잔 마시는 것, 그것 역시 나를 존중하는 행위일 수 있어요."

'아, 내가 목이 마르구나. 그럼 차를 한잔 마셔야겠다'라고 생각하는 것은 내가 필요로 하는 것이 무엇인지 살펴보며 알아채고 이것을 채워주는 것이다. 아무 생각 없이 물을 마시는 것과 다르게 필요를 알아차리고 나를 위한 건강한 행동을 하는 것, 그것이 나를 존중하는 행동의 시작이다.

최근에 나는 이런 결심을 하게 되었다. 삶에서 '그냥', '대충', '아무거나'라는 단어를 빼기로 한 것이다. 어느 날 문득 내가 하는 말을 곰곰이 살펴보며 한 가지 사실을 발견하게 되었다.

나는 아이들을 대할 때 '그냥'이라는 말을 쓴 적이 없었다. 일할 때는 '대충'이라는 단어를 쓴 적이 없었다. 대신 "대충 입었어", "아무거나 먹어도 괜찮아", "그냥 해본 거야"라는 식으로 유독 나 자신과 관련된 문장을 이야기할 때 이런 단어를 많이 썼다. 물론 겸손의 표현으로 사용했을 수도 있지만, 이러한 단어들이 알게 모르게 나 자신을 존중하지 않고 대충 대하게 한다는 사실을 발견했다. 말이 마음과 정신을 지배한다는 누군가의 말처럼 나 자신부터 스스로를 대하는 태도를 바꿔야겠다고 결심했다.

엄마도 자신을 보호할 줄 알아야 한다. 엄마가 스스로를 보호할 줄 알아야, 아이도 자신을 보호하며 사람들과 건강한 관계를 맺을 수 있게 된다.

아이와
심리적 거리 두기

건강한 인간관계는 삶의 질을 높이는 중요한 요소다. 그렇다면 부모는 아이와 어떤 관계를 유지하는 것이 좋을까? 나는 번아웃의 위험이 있는 부모들에게 아이와 건강한 거리 두기를 하라고 제안한다. 여기서 거리 두기란 냉정함이 있는 거리 두기를 의미하지 않는다. 대신 반드시 아이를 변화시켜야 한다는 욕심을 버리는 것을 뜻한다.

부모들과 이야기를 나눠보면 아이를 반드시 올바른 길로 인도해야 한다는 지나친 사명감을 발견하곤 한다. 물론 아이들이 건강하게 성장하도록 돕는 것은 어른들의 책임이자 의무다. 하지만 그전에 생각해보아야 할 것이 있다. 올바른 길이란 과연 무엇일까? 아이를 SKY에 보내는 것이 올바른 길일까? 아니면 안정적인 직업을 갖게 하는 것이 올바른 길일까? 아이가 무엇을 바라는지와 관계없이 부모가 생각하는 올바른 길로 움직이게 하려는 욕심이 갈등을 유발하기도 한다.

누군가 옆에 붙어서 모든 행동을 관찰하며 "이건 이렇게 해야지"라고 한마디씩 던진다면 어떤 느낌이 들까? 답답하고 숨이 막힌다. 아이들도 친구들이 지나친 집착을 보이면 부담스럽다고 상담실을 찾아온다. 그나마 친구들의 경우는 또래이기에 거부감이 덜한 편이다. 하지만 엄마 아빠나 선생님이 지나친 관심을 보이고 간섭하면, 반항하고 싶은 청개구리 심리가 발동한다. 전쟁의 서막이 열리는 것이다.

좋은 무관심도 분명히 존재한다. 아이를 믿음의 눈으로 지켜보다가 꼭 필요한 순간에 필요한 만큼의 도움만 얹어주는 것, 그것이 바로 아이를 성장시키는 길이다. 엄마의 역할은 아이의 모든 일에 개입하여 해결사 노릇을 해주는 것이 아니다. 때로는 멀리서 아이의 성장 과정을 믿고 지켜보는 것, 그리고 아이가 힘들어하면 함께 옆에 있어주는 것, 그것이 바로 엄마의 역할이다.

내 마음의 필터는 무엇일까?

만약 내 마음에도 필터가 있다면 어떤 역할을 할까? 아마 생각의 불순물들을 걸러주는 역할을 할 것 같다. 하지만 어떤 필터를 가지느냐에 따라 걸러지는 것도 달라지기 마련이다. 우리가 사는 동안 반드시 크고 작은 어려움을 마주하게 된다. 이왕이면 이러한 일들은 피하는 것이 좋겠지만 때로는 피할 수 없는 일들도 존재한다.

이럴 때 '왜 하필 나한테만'이라는 필터를 가지게 된다면 어떨까? 마치 나에게만 이런 불행이 찾아온 것처럼 해석하게 된다. 그러면 쉽게 지치고 좌절하는 것은 당연하다. 스트레스를 온몸으로 받아내며 정서적으로 소진되는 것은 물론이고 결국 몸에도 무리가 오게 된다.

어쩌면 나를 힘들게 하는 것은 어려운 상황이 아니라 내 생각일지도 모른다. 우울함을 '나는 불행하다'라고 확대해석하는 것이 스스로를 정말로 불행하게 만들었을지도 모른다. 힘든 일이 닥쳤을 때 '이러한 경험이 나에게 말하려는 것은 무엇일까?'라고 생각해보는 것은 어떨까?

민재 어머니는 자신을 돌아보고 스스로를 존중하는 활동을 하면서, 자신과 아이를 조금 분리하여 바라볼 수 있게 되었다. 그동안은 민재가 이렇게 적응을 힘들어하는 것이 혹시 자기 자신 때문은 아닐까 자책하며 괴로웠다고 한다. 그런데 이제는 그 부담과 짐을 조금이나마 내려놓을 수 있게 되었다고 했다. 또한 근처 상담센터에서 진행하는 부모 집단 상담 프로그램에 참여하며 같은 고민을 하는 엄마들과 대화를 나누고 마음의 여유를 찾았다.

"저만 이렇게 힘들고 어려운 줄 알았어요. 그래서 제가 문제라고 생각했는데 그게 아니었어요. 같이 고민을 나눌 수 있어서 너무 위로가 됩니다."

이번 경험을 계기로 민재 어머니는 새로운 전환점을 맞이했다. 그동안 혼자 자책하고 불안해했다면, 이제는 불안한 마음을 내려놓고 민재와 손잡고 한 걸음씩 내딛어보려는 노력을 하게 되었다. 생각의 필터를 바꾸면서 민재의 속도를 이해해주고 인정할 수 있게 되었다.

우리가 겪는 모든 경험이 행복과 불행으로 나뉘는 것은 나의 생각에 달려 있다는 사실을 잊지 말자. 우리는 모든 경험을 통해 배움을 얻을 수 있다. 성공을 통해 나의 강점을 다시 한번 확인할 수 있으며, 실패와 좌절을 통해서는 선택과 행동을 돌아보고 점검할 수 있다. 그러한 경험을 통해 미래의 실패를 예방하게 된다면 이것 역시 축복일 것이다.

이러한 해석법은 대화를 통해 자연스럽게 아이에게 전달되기 마련이다. 아이가 시험을 망치고 좌절했을 때 "거봐, 너 만날 게임만 하더니 그럴 줄 알았다"라며 부정적인 필터로 해석하면 아이는 이렇게 생각한다.

'거봐, 난 어차피 안 될 거야. 내가 뭘 할 수 있겠어.'

잠깐의 좌절을 더 이상 성장할 수 없는 실패로 간주해버리며 고정 마인드셋을 가지게 되는 것이다. 하지만 "와, 지난번에는 계산 실수를 많이 했는데 이번에는 계산 실수가 줄었구나? 이번에는 4단원이 좀 많이 틀렸으니 이 부분만 좀더 공부하면 되겠다"라며 성장과 배움에 초점을 맞춘 필터를 가졌다면 아이의 해석법 역시 달라진다.

'그래, 내가 이번엔 계산 실수에 정말 신경을 많이 썼지. 이제 4단원만 좀더 신경 쓰면 잘해낼 수 있을 거야.'

성장 마인드셋을 가진 아이는 스스로 노력을 기울일 것이다. 내게는 어떤 마음의 필터가 있는지 점검해보자. 그동안 나를 힘들게 하는 부정 필터를 가지고 있었다면 이제는 나를 위해서, 그리고 아이를 위해서 긍정과 성장의 필터로 변경해보는 건 어떨까?

행복한 엄마가 행복한 아이를 만든다, '엄마 행복 프로젝트'

지친 몸과 마음을 따뜻하게 충전할 수 있는 나만의 방법을 알고 있는가? 신나는 음악에 맞춰 운동하는 것일 수도 있고, 사우나에서 땀을 뻘뻘 흘리며 나누는 수다가 내 마음의 가려운 한구석을 시원하게 긁어줄 수도 있다. 아니면 아침에 홀로 마시는 따뜻한 카푸치노 한 잔이 일상의 평안과 행복감을 가져다줄지도 모른다.

지치고 힘든 엄마들에게 이러한 '나만의 비법'을 하나씩 의식화하라고 추천한다. 아무 이유 없이 마시는 카푸치노 한 잔과 스트레스를 해소하기 위해 마시는 카푸치노 한 잔은 그 의미부터 다르다. 행복감을 가져다주는 이러한 의식적인 행위는 그 자체로도 스트레스를 감소시킬 수 있기 때문이다. 오늘이 나만의 비법을 하나씩 실천하는 날이라고 생각하는 것은, 하루를 다르게 시작하고 끝내는 충분한 이유가 된다. 별것 아닌 듯한 '나만의 방법'이 의사도 줄 수 없는 특별한 처방전이 될 수 있다.

블로그에 '내가 행복하기 위한 운동'을 기록해본 적이 있다. 이름은 거창했지만 내용은 참 소박했다. 행복해지기 위한 일상의 활동 리스트를 만드는 것이었는데 마치 이렇게 작성해놓으면 조금 더 행복해질 것만 같은 생각이 들었다.

'버스 기사님께 인사하기, 나의 하루를 기록하기, 일상 속 하늘 바라보기, 계절의 변화 느끼기, 건강한 음식 먹기' 등등.

무려 4년 전에 실천한 내용이지만 실제로 이 활동들이 아직까지도 내게 큰 도움이 된다. 아침 일찍 집에서 나와 가장 먼저 만나는 외부인인 버스 기사님께 "안녕하세요"라고 인사하는 것은 아침을 기쁘게 시작하는 루틴이 되었다. 또한 하늘을 바라보며 감탄하고, 계절의 변화를 통해 시간의 선물을 상기하는 것은 마음의 안정감을 주는 일상의 명상이 되었다. 이렇게 심리적 배터리가 방전되었을 때 초고속으로 충전해줄 방법을 만들어두자. 이러한 방법을 알고 있는 사람은 마음의 배터리가 깜빡거릴 때도 당황하지 않는다.

아이와의 관계에서 지치고 힘든 것은 당연하다. 내 마음이 지친다는 것은 내 마음을 돌볼 시간이 필요하다는 신호다. 지칠수록 나를 보호하자. 내 마음이 충전되어야 비로소 아이와의 관계도 살아나게 된다. 그리고 내 마음을 충전하는 방법은 그 누구도 아닌 내가 알고 있어야 한다.

엄마의 회복탄력성을 높이는 세 가지 질문

① 나는 평소 어떤 상황 해석 필터를 가지고 있는가?

_____

_____

_____

_____

② 지친 몸과 마음을 따뜻하게 충전할 수 있는 나만의 방법을 알고 있는가?

_____

_____

_____

_____

③ 내가 지칠 때 가장 쉽고 빠르게 내 마음을 보호할 수 있는 방법은 무엇인가?

_____

_____

_____

_____

"조바심이 날 때는 어떡하죠?",
마음을 다스리는 기술

"선생님, 선생님이 말씀해주신 대로 우준이랑 퍼즐이나 도미노게 임을 하면서 집중력도 키우고 있고 숙제도 아이 스스로 하게 하고 있 어요. 이렇게 하면 잘되겠죠? 제가 잘하고 있는 거죠?"

많은 부모를 만나면서 "저만 이런 걸까요? 제가 잘하고 있는 건가 요?"라는 질문을 자주 받는다. 부모는 초조하기 마련이다. 내 맘 같지 않은 아이를 보면서 도대체 어떤 마음인지, 내가 잘하고 있는 것인지 불안한 마음이 든다.

또한 책에 나오는 대로 반응하지 않는 아이의 모습에 좌절감이 몰 려온다. 다들 올바른 부모 노릇을 잘해내고 있는데 나만 그러지 못하 는 것 같다는 생각이 계속 드는 것이다.

엄마만 조바심이
나는 것은 아니다

엄마가 아이를 보면서 조바심이 나는 이유는 '생각대로' 되지 않기 때문이다. 이렇게 이야기하면 아이가 이렇게 반응해야 하는데, 창의성 높은 아이의 생각지 못한 반응에 당황하게 된다. 마치 어디로 튈지 모르는 탁구공 같은 아이를 보며 엄마는 자꾸 조바심이 나고 불안감이 든다.

재미있게도 어른들만 아이들을 보면서 조바심이 나는 것은 아니다. 아이들 역시 "저 이래도 괜찮은 걸까요? 저만 이런 것은 아닌가요?"라며 확인을 받고 싶어 한다. 아이도 불안하다. 자신의 인생이 이렇게 흘러가도 되는 것인지 초조하다. 아무 생각 없이 밝고 맑은 줄로만 알았는데 도대체 무엇 때문에 아이들은 이렇게 불안해하며 조바심을 내는 걸까? 바로 주변의 말들 때문이다.

"도대체 언제 정신 차릴 거야?"

"널 어떻게 하면 좋겠니?"

"그냥 가만히 좀 있어! 엄마가 시키는 대로 해!"

이런 말을 하루에도 몇 번씩 들으면 어떻게 될까? 아이는 자신이 뭔가 부적절하다는 생각을 가지게 된다. 자신이 못났기 때문에 이런 말을 듣는 것이라고 생각하기 시작한다. 만약 이런 상황에서 크고 작은 어려움이 아이를 찾아오면 어떻게 될까?

두려움의 늪에서 허우적거리게 된다. 내 마음처럼 모든 일이 착착 이루어지면 좋겠는데, 시험도 자꾸 망치고 친구들과도 자꾸 싸우게 된다. 그리고 하루에도 몇 번씩 꿈이 바뀌는 자신의 모습을 보면서 안개 속에서 길을 잃었다는 생각에 초조해진다. '과연 내가 이걸 해낼수 있을까?'라며 불안해한다.

엄마만 불안하고 조바심이 나는 것은 아니다. 아이도 '나의 생각대로' 되지 않는 현실에 답답하고 초조하고, 그래서 불안하다. 누구나 안개 속에서 허우적거리는 자신의 모습이 마음에 들지는 않는 법이다. 그럴 때 '지금 이 길이 맞는 건가? 이렇게 하면 되는 건가?'라는 초조함이 드는 것은 어쩌면 자연스러운 일일지도 모른다.

'계획된 우연'이라는 축복

세미나에서 만난 어머니들에게 이런 질문을 던졌다.

"지금부터 올 한 해 일어났던 우연적인 일을 찾아보도록 하겠습니다. 내가 생각하고 계획하지 않았지만 우연히 나에게 긍정적인 영향을 미친 사건을 한 개 이상 찾아보세요."

어머니들이 고개를 갸우뚱했다. 우연적인 일이라니, 갑자기 생각하려니 잘 떠오르지 않는다고 했다. 그러다 하나둘씩 이야기가 나왔다.

"친한 친구랑 대화하다가 우연히 독서모임을 알게 되었어요. 그래서 저도 독서모임을 시작하게 되었죠. 같이 책을 읽으며 대화를 하니까 뭔가 제가 더 깊어지는 느낌이 들었어요."

"둘째가 제가 원래 보내고 싶었던 유치원에서 탈락했어요. 그래서 급하게 다른 곳에 들어가게 됐는데 그곳의 환경이 너무 좋은 거예요.

무엇보다 아이가 선생님과 친구들을 너무 좋아해요. 정말 다행이다 싶어요."

이처럼 나에게 일어난 우연적인 일들을 심리학에서는 '계획된 우연'이라고 부른다. 우연이라면 우연적으로 발생하는 것이지 무슨 계획이 있냐고 반문할지도 모르겠다. 하지만 이런 적은 없었는지 생각해보자. 그때는 정말 이렇게 될 줄 몰랐던 우연적인 만남, 우연적인 사건들이 인생을 전환시킨 경험 말이다. 계획된 우연의 좋은 예시로 애플의 창업자 스티브 잡스를 들 수 있다.

스티브 잡스는 자신이 들어간 리드칼리지의 학비가 너무 아깝고, 이 비싼 학비를 대기 위해 평생 모은 재산을 쏟아붓는 양부모에게 죄송하다는 마음에 6개월 만에 자퇴를 결심했다. 대신 원하는 수업을 청강하기로 한 그는 이후 약 1년 반 동안 정말 재미있고 흥미로운 과목만 골라 듣기 시작했다. 그중 하나가 바로 서체수업이었다. 서체의 아름다움과 위대함에 바로 매료되었지만 당시 잡스는 이것 역시 자신에게 큰 도움이 되지 않는다고 생각했다.

하지만 10년 뒤, 그가 매킨토시컴퓨터를 구상할 때 이것들이 빛을 발하기 시작했다. 그리고 그 결과 아름다운 서체를 가진 매킨토시컴퓨터가 탄생하게 되었다. 그가 만약 학교를 자퇴하지 않았다면, 서체수업을 듣지 않았다면 아름다운 서체를 가진 매킨토시는 탄생하지 않았을 것이고, 매킨토시를 따라한 윈도 역시 세상에 나오지 못했을 것이다. 그 당시에는 하나의 지나가는 사건에 불과했지만 10년 후 되돌아보니 마치 현대의 컴퓨터를 위해 모든 일이 계획되었던 것처럼 보인다. 이것이 바로 '계획된 우연'이다.

이 개념을 제안한 것은 심리학자 크롬볼츠(John D. Krumboltz)다. 크롬볼츠는 삶에서 계획된 노력으로 이룬 성공은 20퍼센트 정도이고 나머지 80퍼센트는 우연적인 요소로 결정된다고 주장했다. 그는 그 정도로 삶의 우연적인 사건들에 주목했던 학자다. 그의 주장이 어떻게 생각되는가? 사실 스티브 잡스만이 계획된 우연을 경험한 것은 아니다. 우리 모두 계획된 우연들을 수없이 경험한다. 그 당시에는 아무 의미가 없어 보였던 일이나 우연적인 선택들이 삶에 정말 큰 도움이나 계기를 마련해주는 경우가 참 많다.

나의 인생 곡선은
어떤 모양일까?

지금 종이를 한 장 꺼내보자. 그리고 가운데 수평선을 그린 다음 태어났을 때부터 지금의 나이까지를 눈금으로 표시해보자. 수평선의 왼쪽 끝에는 수직선을 그린 다음 수평선 위쪽은 '행복, 즐거움' 등의 긍정적 감정 방향으로, 수평선 아래쪽은 '슬픔, 불행' 등의 부정적 감정 방향으로 정하고 각각 열 칸을 만들어보는 것이다.

그리고 삶을 회상하며 행복하거나 기뻤던 순간에는 긍정적 방향에, 불행하거나 슬펐던 순간에는 부정적 감정 방향에 점을 찍어 연결해보자. 인생의 크고 작은 사건들을 떠올려보며 그 순간에 어떤 감정들을 느꼈는지 되돌아보자. 나의 10대, 20대, 30대, 40대에는 어떤 일들이 있었는가?

떠오르는 사건이 많을수록 인생의 곡선은 구불구불하고 역동적일 것이다. 이제 초점을 맞춰볼 것은 부정적인 감정 방향에 점을 찍었던 사건이다. 힘들었던 그 순간에 정말로 힘이 되었던 것은 무엇이었는가? 만약 지금의 내가 힘들어하는 과거의 나를 만나면 뭐라고 이야기해주고 싶은가?

어느 날, 아이들과 집단 상담을 하며 카드 속에 있는 다양한 질문에 대해 각자 이야기해보는 시간을 가졌다. 그중 내가 뽑은 질문은 바로 '미래로 갈 수 있다면 언제로 가보고 싶은가'였다.

아이들은 저마다 "10년 뒤요, 대학 갈 때요, 결혼할 때요"라며 각기 다른 대답을 내놓았다. 이유를 물어보니 자신이 10년 뒤에 무엇을 하고 있는지, 대학은 어디를 가는지 궁금해서라고 했다. 또한 지금 자신이 어떻게 해야 하는지 미래의 나에게 물어보고 싶다고도 했다. 아마 미래의 내가 '그거 그렇게 하지 말고 이렇게 해'라고 지시하고 알려주고 이끌어주기를 바라는 마음이 있었던 것 같다.

나는 곰곰이 생각해보다가 죽기 전의 나 자신과 만나보고 싶다고 대답했다. 나 역시 죽기 전의 내가 어떤 충고를 해줄까 궁금했다. 그러고는 문득 이런 생각을 해봤다. 지금 내가 과거 학창 시절의 나를 만난다면 뭐라고 말해줄까. 정말 감사하게도 '그거 그렇게 하지 마! 정말 하면 안 돼!'라고 할 만한 경험이 떠오르지 않았다. 물론 힘들고 슬픈 일이 없었던 것은 아니다. 하지만 그 일이 없었다면 그다음의 좋은 기회나 배움도 없었겠다는 생각이 들었다. 그래서 눈물 콧물을 쏟았던 그때의 경험들을 굳이 지우고 싶지는 않았다. 인생은 나비효과와도 같아서 어떠한 경험이나 결정이 그다음의 인생에 영향을 미친다는 것을 알아버렸다고나 할까.

아이에게
호기심을 가져다준다는 것

"그렇다고 손놓고 있을 수는 없잖아요"라고 말한다면 지당한 이야기다. '모든 게 알아서 잘되겠지'라는 마음으로 아무것도 하지 않는 것은 마치 사과가 나무에서 떨어지길 기다리며 밑에서 입을 벌리고 있는 것과도 같다.

크롬볼츠 역시 계획된 우연을 가만히 앉아서 맞이하라는 것이 아니었다. 그는 한 치 앞도 보이지 않는, 그래서 조바심이 나는 환경에서 우리가 어떤 태도를 가져야 하는지를 강조했다. 호기심, 인내심, 유연성, 낙관성, 위험감수 행동이 바로 그것이다.

이러한 삶의 태도들을 가지고 있다면 급변하는 환경에서 전혀 예상치 못한 사건이 일어나도 기회로 받아들이고 삶의 전환점을 만들수 있다. 앞선 사례에서 둘째가 원하던 유치원에서 떨어져 낙담했음에도 아이에게 좋은 일이 생길 거라고 생각했던 낙관성, 그리고 다른 유치원을 재빨리 알아보고 등록했던 유연성이 없었더라면 아마 어머니는 유치원에서 떨어진 것만 곱씹으며 아쉬워했을지도 모른다.

크롬볼츠가 강조했던 태도를 아이에게 어떻게 적용할 수 있을까?

아이에게 호기심을 가져주자. 내가 이미 겪어본 어린 시절이라고 생각하면서 아이의 감정이나 경험들을 작게 치부하지 않는 것이 중요하다. 알고 있는 것이라고 생각하는 순간 마음을 잇는 소통은 불가능해진다.

'그래 봤자, 내 손바닥 안이야. 이럴 게 뻔해.'

이렇게 아이의 잠재력을 단언하지 말자. 때로는 어려움이 생기더라도 스스로 해낼 수 있도록 긍정적인 믿음으로 격려해주는 자세가 필요하다. 아이가 자신의 힘으로 해낼 수 있을 때 비로소 그것이 진짜 실력이 되고, 아이에게는 잊지 못할 자산으로 남는다.

또한 자신이 가지고 있는 한 가지 원칙만을 고수하는 것이 아니라 열린 마음으로 아이를 바라봐야 한다. 그러기 위해서는 무엇보다 나와 다른 생각을 가지고 있는 아이의 마음을 잘 들여다보는 일이 중요하다. 섣부르게 아이의 마음을 읽어내려고 하지 말고, 먼저 아이의 마음을 새로움의 눈으로 바라보자. 기준은 내가 세우는 것이 아니라 아이와 함께 만들어야 하는 것이다.

자연스럽다는 말의 진짜 의미

우리는 뭔가 일이 잘 풀릴 때 '자연스럽게 된다'고 말할 정도로 '자연스럽다'는 말을 참 좋아한다. 그래서 아이도 내 마음같이 착착 자연스럽게 커주면 좋겠는데, 바람대로 되지 않아 초조할 때가 많다.

'옆집 아이들은 다들 잘만 하는데 왜 우리집 아이는 그러지 못할까.'

하지만 사실 자연스럽다는 말은 모든 것이 나의 바람대로 착착 이루어진다는 의미가 아니다. '제때 가야 하는 방향으로 가는 것', 그것이 '자연스럽다'의 진짜 의미다. 소나무처럼 늘 푸르러야만 자연스럽다는 말이 아니고, 단풍나무처럼 시시때때 변해야 자연스럽다는 말이 아니다. 나의 때에 맞춰서 내가 가야 하는 방향으로 한 걸음, 한 걸음 나아가는 것, 그게 바로 자연스럽다는 말에 더 가깝다.

사실 나무의 입장에서는 힘들게 피운 꽃과 열매가 지고 잎이 떨어지고 추운 겨울이 오는 것이 너무나 싫겠지만, 사실은 그게 자연스럽다는 말에 가깝다. 잎이 떨어지지 않는 꽃나무는 결국 인조물에 불과하니까 말이다.

우리의 인생도 이와 같지 않을까? 우리는 꽃길만 걷고 싶어 하지만, 인생에는 꽃과 따스한 햇살만 있는 것이 아니라 바람과 태풍도 존재한다. 그렇다면 우리가 할 수 있는 일은 바람과 태풍이 불어도 휩쓸려 날아가지 않게 나의 마음을 잘 들여다보며 나만의 방식으로 뚜벅뚜벅 걸어가는 것이 아닐까. 불안해도 괜찮다. 사실, 불안하지 않을 수가 없다. 우리는 매일매일 내일을 알 수 없는 불안 속에서 살고 있다. 하지만 그 불안이 나쁜 것만은 아니다. 그러한 불안이 있기에 오늘도 우리는 고민하고 또 노력하는 것이니까.

우리는 매일이 처음인 삶을 살아가고 있다. 그래서 실수투성이고 잘 모르는 것도 많다. 생각대로 되지 않는 아이의 모습을 보며 조바심이 날 수도 있다. 하지만 그때 '나만 왜 이러는 거야!'라는 마음으로 자책하지 말자.

아이의 삶을 어떠한 방향으로 조종하거나 이끌어줄 필요가 없다. 단지 아이와 함께 뚜벅뚜벅 걸어나가면 된다. 삶의 따스한 햇볕과 바람, 촉촉하게 내리는 단비와 거친 태풍이 분명 아이를 성장시킬 것이다. 아이가 제때에 자신의 모습으로 멋지게 성장할 것이라는 엄마의 믿음과 사랑, 아이에게는 그것만으로 충분하다.

조바심을 이해하는 네 가지 질문

① 나는 왜 조바심이 나는 걸까?

_____

_____

_____

② 아이가 조바심을 느끼는 이유는 무엇일까? 혹시 내가 영향을 준 것은 없을까?

_____

_____

_____

③ 내 인생에 '계획된 우연'은 무엇이 있었을까?

_____

_____

_____

④ 미래로 갈 수 있다면, 언제로 가보고 싶은가? 미래의 내가 지금의 나에게
   해줄 조언은 무엇일까?

_____

_____

_____

나와의 관계가
가장 중요하다

어린 시절부터 지금까지 듣게 되는 질문이 있다.

"친구는 어때? 좋은 친구를 잘 사귀어야 해. 그래야 좋은 영향을 받지. 선생님은 어떠셔? 좋은 선생님이면 얼마나 좋을까? 1년이 편안할 텐데. 지금 만나는 사람은 어때? 사람은 배우자를 잘 만나야 해. 그래야 남은 인생도 잘 살 수 있다고. 아이는 어때? 아이가 말도 잘 듣고 착하면 얼마나 좋을까. 더 이상 바랄 게 없겠다."

이렇게 우리는 늘 관계를 중요시한다. 누구를 만나고 누구와 함께 살아가느냐가 '인생'을 다르게 할 수 있다고 입을 모아 이야기한다. 물론 맞는 말이다. 누구를 만나서 어떤 경험을 하는가는 인생의 항로를 바꿀 수 있는 소중하고 중요한 경험이다.

하지만 잊지 말아야 할 것이 있다. 바로 '나'와의 관계다. 누구를 만나는가도 중요하지만 내가 나와 어떠한 관계를 맺는가가 더 중요하다. 내가 나 자신과 좋은 관계를 맺고 있지 못하다면 어떤 훌륭한 사람을 만난다고 하더라도 좋은 영향을 받을 수 없다. 내 마음을 제대로 들여다보지 못하니 내게 무엇이 필요하고 내가 어떤 방향으로 살아야 하는지에 대한 통찰이 빠져 있기 때문이다. 내가 나를 어떻게 데리고 사느냐가 인생의 행복과 불행을 결정짓는다고 감히 말할 수 있다.

이러한 진리 앞에서 희망적이면서도 한편으로는 쓰라린 말을 하자면 나를 데리고 사는 것은 끝이 없는 과정이라는 것이다. 나 역시 나를 데리고 사는 것이 어렵다. 나를 당황시키는 감정이 올라오면 이 감정을 이해하고 바라보는 일이 가끔은 서툴 때가 있다. 하지만 내 감정을 알아차리고 바라볼 수 있는 기반을 다지자 당황하더라도 적어도 회피하지 않고 마주할 수 있게 되었다. 나에게 필요한 것은 채찍질이 아니라 토닥거림이라는 것을 알게 된 뒤에 나 자신을 조금 더 잘 이해할 수 있게 되었다.

그래서 이 책은 아이에게도 엄마에게도 제일 중요한 것은 '나와의 관계'라는 이야기를 하고 있다. 학문적으로 공부했던 이론과 내가 현장에서 경험한 실제를 이 책에 녹여내고자 노력했다. 무엇보다 이 책은 삶과 밀접한 관계를 맺어야 하는 심리학이 아이들의 삶의 현장에서 긍정적인 영향을 발휘할 수 있도록 몸으로 부딪히며 느끼고 배운 결과이기도 하다. 아이들을 만나는 부모님과 선생님들이 이 책을 통해 조금이나마 새로운 시선으로 아이들의 마음을 바라볼 수 있다면 더할 나위 없이 감사할 것이다.

이 책을 빌려 감사드리고 싶은 분들이 많다. 이 책에 나온 사례는 내가 경험한 실제 사례지만 모두 가명을 쓰고 상황을 각색했다. 자신의 감정을 돌아보며 긍정적으로 성장한 아이들과 부모님의 동의가 없었다면 이 책은 세상에 빛을 발하지 못했을 것이다.

배움의 과정에는 끝이 없지만, 이 책을 통해 내가 그동안 배우고 실천했던 '앎'과 '함'의 단편을 정리할 수 있었다. 먼저 내가 제대로 알고 볼 수 있는 태도를 기를 수 있도록 도와주신 지도교수님과 선생님들께 감사함을 전하고 싶다. 또 알고 경험한 것을 책으로 풀어낼 수 있는 귀중한 기회를 주신 생각정원의 박재호 대표님과 고아라 팀장님께 감사함을 전한다. 마지막으로 다양한 감정을 가진 나를 잘 데리고 살 수 있도록 도와주신 사랑하는 부모님과 내가 마음의 평안을 가질 수 있도록 어린 시절 나를 토닥여준 하늘에 계신 할아버지께도 감사와 사랑의 인사를 전한다.

1장

엄마도 모르는 내 아이의 속마음 : 우리 아이 마음 들여다보기

- 너새니얼 브랜든, 『자존감의 여섯 기둥』, 김세진 옮김, 교양인, 2015.
- 로베르타 골린코프·캐시 허시-파섹, 『최고의 교육』, 김선아 옮김, 예문아카이브, 2018.
- 미하이 칙센트미하이, 『몰입의 즐거움』, 이희재 옮김, 해냄, 2007.
- 이부영, 『분석심리학 이야기』, 집문당, 2014.
- 타라 브랙, 『받아들임』, 김선주·김정호 옮김, 불광출판사, 2012.
- 페터 비에리, 『자기 결정』, 문항심 옮김, 은행나무, 2015.
- David R. Shaffer·Katherine Kipp, 『발달심리학』, 송길연·이지연·장유경·정윤경 옮김, 박영스토리, 2014.
- Adele E. Gottfried, 'Academic intrinsic motivation in young elementary school children', *Journal of Educational Psychology*, 82(3):525-538, 1990.
- Amy Wrzesniewski·Barry Schwartz·Xiangyu Cong·Michael Kane·Audrey Omar·Thomas Kolditz, 'Multiple types of motives don't multiply the motivation of West Point cadets', *Proceedings of the National Academy of Sciences*, 111(30):10990-10995.
- Andrew Reiner, 'The Power of Touch, Especially for Men', *The New York Times*, December 5, 2017.
- Elizabeth Seto·Rebbeca J. Schlegel, 'Becoming your true self: Perceptions of authenticity across the lifespan', *Self and Identity*,

17(3):310-326.

- Joseph Stromberg, 'The Microscopic Structures of Dried Human Tears', *Smithsonian.com*, November 19, 2013.
- Mark Nielsen · Thoams Suddendorf · Virginia Slaughter, 'Mirror self-recognition beyond the face', *Child Development*, 77(1):176-185, 2006.
- Poonam C. Dev, 'Intrinsic motivation and academic achievement: What does their relationship imply for the classroom teacher?', *Remedial and Special Education*, 18(1):12-19, 1997.
- Rebecca J. Schlegel · Joshua A. Hicks · Jamie Arndt · Laura A. King, 'Thine own self: True self-concept accessibility and meaning in life', *Journal of Personality and Social Psychology*, 96(2):473-490, 2009.
- Rebecca J. Schlegel · Joshua A. Hicks · Laura A. King · Jamie Arndt, 'Feeling like you know who you are: Perceived true self-knowledge and meaning in life', *Personality and Social Psychology Bulletin*, 37(6):745-756, 2011.

2장
장점을 강점으로, 개성을 재능으로! : 긍정적 감정 키워주기

- 김아영, 『학업동기』, 학지사, 2010.
- 김주영 · 김아영, 「교사의 조건부 관심 및 자율성지지와 초등학생의 자기결정 동기, 학업참여 및 성취도 간의 관계」, 『교육심리연구』, 28(2):251-268, 2014.
- 마티 올슨 레이니, 『내 아이에게 숨겨져 있는 재능』, 성양환 옮김, 중앙북스, 2008.
- 수전 케인, 『콰이어트』, 김우열 옮김, 알에이치코리아, 2012.
- 유대근 · 박재홍, 〈'수포자' '영포자' 급증하는데 예산 · 인력 부족에 잠자는 대

책》,《서울신문》, 2018년 8월 8일.

- 이상우, 「부모와 교사의 자율성지지, 성취목표지향성, 기본심리욕구, 학업 성취도 간의 구조적 관계 분석」, 『교육학논총』, 대경교육학회, 31(1):45-69, 2010.

- 임은미 · 김지은 · 박승민, 「부모의 자율성증진행동과 청소년자녀의 학업 성취도의 관계」, 『청소년상담연구』, 한국청소년상담복지개발원, 6(1):133-150, 1998.

- 캐럴 드웩, 『마인드셋』, 김준수 옮김, 스몰빅라이프, 2017.

- Alan L. Mendelsohn · Carolyn Brockmeyer Cates · Adriana Weisleder · Samantha Berkule Johnson · Anne M. Seery · Caitlin F. Canfield · Harris S. Huberman · Benard P. Dreyer, 'Reading Aloud, Play, and Social-Emotional Development', *Pediatrics*, 141(5):e20173393, 2018.

- Albert Bandura · Dale Schunk, 'Cultivating competence, self-efficacy, and intrinsic interest through proximal self-motivation', *Journal of Personality and Social Psychology*, 41(3):586-598, 1981.

- Carolyn Brockmeyer Cates · Adriana Weisleder · Samantha Berkule Johnson · Anne M. Seery · Caitlin F. Canfield · Harris Huberman · Benard P. Dreyer · Alan L. Mendelsohn, 'Enhancing Parent Talk, Reading, and Play in Primary Care: Sustained Impacts of the Video Interaction Project', *The Journal of Pediatrics*, 199:49-56, 2018.

- Dale Schunk, 'Effects of effort attributional feedback on children's perceived self-efficacy and achievement', *Journal of Educational Psychology*, 74(4):548-556, 1982.

- Kathryn R. Wentzel · David B. Miele(Eds.), *Handbook of Motivation at School*, Routledge, 2009.

- Paul R. Pintrich · Elisabeth V. De Groot, 'Motivational and self-regulated learning components of classroom academic performance',

Journal of Educational Psychology, 82(1):33-40, 1990.

- Vinoth K. Ranganathan · Vlodek Siemionow · Jing Z. Liu · Vinod Sahgal · Guang H. Yue, 'From mental power to muscle power—gaining strength by using the mind', *Neuropsychologia*, 42(7):944-956, 2004.

3장
상처를 힘으로, 실수를 도전으로! : 부정적 감정 전환해주기

- 토드 로즈, 『평균의 종말』, 정미나 옮김, 21세기북스, 2018.
- 편집부, 〈뇌과학으로 보는 감정〉, 《브레인미디어》, 2013년 5월 23일.
- Alexa M. Tullett · Michael Inzlicht, 'The voice of self-control: Blocking the inner voice increases impulsive responding', *Acta Psychologica*, 135, 135(3):252-256, 2010.
- Celeste Kidd · Holly Palmeri · Richard N. Aslin, 'Rational snacking: Young children's decision-making on the marshmallow task is moderated by beliefs about environmental reliability', *Cognition*, 126(1):109-114, 2013.
- Daniel M. Wegner · David J. Schneider · Samuel R. Carter · Teri L. White, 'Paradoxical effects of thought suppression', *Journal of Personality and Social Psychology*, 53(1):5-13, 1987.
- Holly A. White · Priti Shah, 'Creative style and achievement in adults with attention-deficit/hyperactivity disorder', *Personality and Individual Differences*, 50(5):673-677, 2011.
- Jun-Hyeong Cho · Karl Deisseroth · Vadim Y. Bolshakov, 'Synaptic encoding of fear extinction in mPFC-amygdala circuits', *Neuron*, 80(6):1491-1507, 2013.

- Katharina Kircanski · Matthew D. Lieberman · Michelle G. Craske, 'Feelings into words: contributions of language to exposure therapy', *Psychological Science*, 23(10):1086-1091, 2012.
- Sandra Aamodt · Sam Wang, *Welcome to Your Child's Brain*, Oneworld Publications, 2011.
- Shawna M. Tanner · Brian Lakey · Jay L. Cohen · Erina L. MacGeorge · Ruth Anne Clark · Sarah Stewart · Lakesha Robinson, 'What is the Right Thing to Say? Agreement among Perceivers on the Supportiveness of Statements', *Basic and Applied Social Psychology*, 40, 40(5):329-339, 2018.
- Walter Mischel, 'Processes in delay of gratification', *Advances in Experimental Social Psychology*, 7:249-292, 1974.
- Walter Mischel · Yuichi Shoda · Monica L. Rodriguez, 'Delay of gratification in children', *Science*, 244(4907):933-938, 1989.
- Walter Mischel · Yuichi Shoda · Philip K. Peake, 'The nature of adolescent competencies predicted by preschool delay of gratification', *Journal of Personality and Social Psychology*, 54(4):687-696, 1988.

초등 감정 사용법

초판 1쇄 발행 2019년 3월 27일
초판 5쇄 발행 2022년 8월 19일

지은이 | 한혜원

발행인 | 박재호
편집팀 | 김선경, 강혜진, 이복규
마케팅팀 | 김용범, 권유정
총무팀 | 김명숙

디자인 | 김윤남
교정교열 | 윤정숙
종이 | 세종페이퍼
인쇄·제본 | 한영문화사

발행처 | 생각정원
출판신고 | 제25100-2011-000320호
주소 | 서울시 마포구 양화로 156(동교동) LG팰리스 814호
전화 | 02-334-7932 **팩스** | 02-334-7933
전자우편 | 3347932@gmail.com

ISBN 979-11-88388-78-3 (03370)

이 도서의 국립중앙도서관 출판예정도서목록(CIP)은 서지정보유통지원시스템 홈페이지
(http://seoji.nl.go.kr)와 국가자료공동목록시스템(http://www.nl.go.kr/kolisnet)에서
이용하실 수 있습니다.(CIP제어번호: CIP2019009729)